KB104909

시대의 양심

신영복 평전

신영복

김삼웅

평전

시대의 양심

채륜

여는 말

향나무처럼 살아간 야인

도끼날에 향기 묻힌 향나무처럼

서력기원 2016년 1월 18일 오전 11시 서울 구로구 성공회대 대학성당(성미가엘성당)에서 한 거목巨木의 영결식이 거행되었다. 영하의 기온에 눈발까지 날리는 차가운 날씨였지만 2,000여 명의 추모객은 추위 따윈 아랑곳하지 않았다.

성당 안으로는 자리가 모자라 인근 강당에 중계화면을 띄워놓고 영결식이 거행되었다. 두 곳 강당에도 들어가지 못한 추모 시민들은 복도까지 가득 메워서 그야말로 입추의 여지가 없었다.

이날의 영결식은 국장이나 사회장은커녕 한 대학의 학교장에 불과하고 영전에는 빛나는 훈장 하나도 놓이지 않은 초라한 형식이었으나 시민들의 가슴속에는 어느 국장이나 사회장에 못지않은 뜨거운 흠모와, 너무 일찍 떠나보낸다는 안타까움이 절절히 배인 모습이었다. 가끔 흐느낌이 이어졌으나, 그토록 숙연하면서도 포근한 분위기의 영결식도 흔치 않을 것이었다.

'거목'이라는 표현에 고인이 명부冥府에서 이의를 제기할지 모르겠다. 선생은 나무를 좋아하였고, 나무 중에 큰 나무를 거목이라 부르는 데 이의가 없겠으나, 어쩐지 그에게는 어울리지 않는 용어일 것도 같다. 하여 야인野人이라 고쳐본다. 야인, 순우리말로 하면 '들사람'이다. 일체의 관직을 갖지 않고 황야에서 변방에서, 백성·민중들과 함께 숨 쉬고 생활하며 살아가는 민초를 말한다. 함석헌 선생을 들사람이라 불렀다.

2016년 1월 우리 곁을 홀연히 떠난 신영복 선생은 야인답게 나무를 무척 좋아하였다. 그는 한 그루 나무였다. "자기의 철학이나 의지를 쉽게 버려서는 안 되겠지만 저는 나무같이 살면 된다고 생각해요. 나무란 자기의 자리를 선택하지 않아요. 저는 나무처럼 우리의 삶도 어느 지역, 어느 시공간에 던져졌다고 봅니다. 때문에 주어진 조건에서 최선을 다할 수밖에 없지 않나 하는 생각을 해요."[1] 그래서 『나무야 나무야』, 『더불어 숲』 등을 책의 제목으로 정하고 '석과불식碩果不食'의 철학을 내세웠다. 석과불식이란 가을에 나뭇가지 끝에 하나 남겨 둔 '씨 과일'을 일컫는다.

이것은 선생이 가장 아껴온 희망의 메시지의 하나였다.

　　　씨 과일은 새봄의 새싹으로 돋아나고, 다시 자라서 나무가 되고, 이윽고 숲이 되는 장구한 세월을 보여준다. 한 알의 외로운 석과가 산야를 덮는 거대한 숲으로 나아가는 그림은 생각만 해도 가슴 벅차다. 역경을 희망으로 바꾸어내는 지혜이며 교훈이다.

선생은 석과불식의 철학을 '사람을 키우는 일'이라고, 자연현상을 인문학으로 환치시킨다. 그리고 민초들에게 '더불어 숲'을 이루어야 한다고 말하였다. 이 같은 철학에는 배경이 깔린다. 그 자신이 한 그루 연약한 나목이었기 때문이다. 도벌꾼들에 의해 껍질이 벗긴 채 20년의 풍상을 감옥에서 폭염과 눈서리 맞으며 견뎌야 했다. 그래서 '더불어 사는' 세상이 그리웠고 도벌꾼들을 막아내기 위해서는 더불어 숲을 이루어야 한다고 믿었다. 그리고 늘 강조한다.

나무가 나무에게 말했습니다. 우리 더불어 숲이 되어 지키자.

석과불식을, 그 역시 도벌꾼들에 찍혀 긴 옥살이 끝에 일찍 세상을 떠난 저항(서정) 시인 김남주는 「옛 마을을 지나며」에서 이렇게 풀었다.

찬 서리
나무 끝을 나는 까치를 위해
홍시 하나 남겨둘 줄 아는
조선의 마음이여.

반세기보다 더 긴 세월 동안 이 땅에서는 민주공화국의 간판 아래 날선 도끼를 든 도벌꾼들이 지배자 노릇을 하였다. 도벌꾼의 못된 심리 중에는 아주 참하게 잘 자라서 꼿꼿한 나무를 골라 도끼질을 한다는 점이다. 이웃이나 산주인이 아끼는 재목을 사정없이 잘라다가 더러는 저들의 집을 짓는 데 쓰거나 화목용으로 불태워 버린다. 지난 군사독재자와 그 아류들이 지배한 시대에 얼마나 많은 재목들이 뿌리가 잘리거나 땔감이 되었던가.

　　신영복 선생은 도벌꾼의 도끼날에 향기를 묻히는 한 그루 향나무였다. 28세에 사형선고를 받고 20년 20일의 세월을 무기수로 감옥에 갇혀 살면서, 치욕과 분노 대신 견고한 절제와 치열한 사유로 영혼을 승화시킨 '운명의 승리자'가 되었다. 극심한 감금 생활과 소외 속에서도 온갖 아픔을 견디면서 달관한 인격을 보여 주었다. 그리고 도벌꾼들의 도끼날에 향기를 묻히는 향나무가 되었다.

　　선생은 20년 감옥생활을 견딘 힘이 '깨달음'이었다고 토로한다. 이 '깨달음'에 대해 묻는 질문에 "깨달음은 세상에 대한 새로운 각성이고, 안으로는 자기 자신에 대한 새로운 성찰"[2]이라고 답한다. 범인들에게는 쉽지 않은 '깨달음'은 그를 새로운 인간으로 탄생시켰다. '구도자'의 모습이다.

　　신영복 선생은 결이 고운 한 그루 곧은 향나무였다. 긴 세월 동안 음지에서 살고서도 양지쪽 나무들보다 더 푸르고 우람하게 자라 많은 사람의 쉼터가 되고 그늘이 돼 주었다. 세상의 이치와는 달리 음지쪽 나무가 더 결이 곱고 단단하다는 자연의 이치를 그가 보여

주었다.

선생은 나무처럼, 그러나 암벽 위의 외로운 나무가 아니라 '작은 숲의' 한 그루 나무처럼 살다가 죽어서는 화장되어 수목장으로 뿌려져 나무 곁으로 돌아갔다. 그는 그냥 하나의 나무가 아니라 '작은 숲'이라도 이루고자, 많은 묘목을 심고 가꾸면서 눈을 감았다. "큰 나무는 쓰러진 후에야 그 높이를 알 수 있다"는 말이 있다.

숲은 그냥 나무 한 그루 한 그루의 합이 아니에요. 작은 나무, 큰 나무, 늘 푸른 나무, 낙엽 지는 나무가 서로 거름도 하고 의지도 하면서 땅을 지키고 바람을 잠재우고 생명을 품어나갑니다. 요즘 '이렇게 사는 것도 사는 것인가?' 고민하는 사람들이 많습니다. 대학이 그런 사유의 공간을 만들어주지 못하니까 대학 바깥에서 만드는데, 그걸 또 장사꾼들이 금방 상품화해요. 그런 작은 단위를 진지화하고 역량화할 수 있는 아주 자유로운 사고가 필요하지 않을까요?[3]

안토니오 그람시와 닮거나 다르거나

나는 신영복 선생을 생각할 때이면 불현듯 이탈리아의 혁명가 안토니오 그람시(1891~1937)가 떠오른다. 사상범으로 몰려 20년 징역형을 선고 받고(신영복은 무기형에서 20년 복역), 감옥에서 많은 글을 쓰고(안토니오는 대학노트 3,000쪽 분량을 작성), 출감 또는 사후에 그들의 저서(그람시의 『옥중수고』와 신영복의 『감옥으로부터의 사색』)가 큰 반향을 일으킨 점이 비슷하다.

물론 두 사람은 차이도 많았다. 그람시는 공산당중앙위원 등을 지낸 마르크스주의자이지만 신영복은 통일혁명당에 엮여서 공안사범이 되었다. 학창시절에는 당시 사회적 분위기에 따라 다소 마르크스주의에 관심을 보이기도 했겠으나 결코 그는 마르크스주의나 김일성주의자가 아니었다. 본문에서 차차 밝히겠지만 그는 굳이 분류하자면 인문주의자에 속한다고 하겠다.

그람시의 기본철학은 진지전War of Position과 헤게모니이론이다. 하지만 신영복은 각자 작은 나무로 살다가 숲은 이루자는 노자의 무위자연無爲自然의 사상에 가깝다. 벽촌에서 공무원의 아들로 태어난 것은 두 사람이 같고, 어릴 적 사고로 평생 곱사등이라는 신체적 장애를 극복하고 조국 이탈리아의 혁명을 위해 헌신한 그람시와, 훤칠한 키에 맑고 밝은 심성에, 귀공자처럼 준수한 얼굴로 수많은 사람들의 가슴에 희망의 씨앗을 뿌려준 신영복의 차이다.

그람시도 전통적인 마르크스주의자가 아니었다. "그람시는 한 계급이 다른 계급을 지배하는 것은 경제적·물리적 힘에만 의존하는 것이 아니라 지배계급의 신념체계를 받아들이고 그들의 사회적·문화적·도덕적 가치를 공유하도록 피지배자들을 설득하는 데도 의존한다는 이론을 제시하여 마르크스주의에서 새롭고도 독특한 위치를 차지했다."[4]

신영복 선생은 28세에 감옥에 갇혀 20년 20일을 살다가 출감하여 27년을 더 살았고, 그람시는 35세에 투옥되어 짧은 생애 가운데

11년을 옥중에서 보내다가 병세가 도져 로마의 한 병원에서 2년여를 지내다 죽었다. 신영복은 70여 년 생애 중 가장 왕성한 활동기인 3분의 1 정도를 옥중에서 보내고, 그람시는 46년의 생애 중 10년 이상을 묶인 채 옥중에서 살았다.

그람시는 파시스트 무솔리니의 감옥에서 고난과 질병의 고통 속에서도 불굴의 신념으로 지적 성취를 이룩하여 『옥중수고』라는 명저를 남겼다. 그는 감시와 검열을 받으면서 아내와 가족들에게 옥중 편지를 보내고, 신영복은 파시스트 박정희와 전두환의 감옥에서 한 달에 한 번씩 봉함엽서에 부모와 형수·계수씨에게 편지를 썼다. 가족 외에는 안부 편지도 쓸 수가 없었기 때문이다. 검열을 피하느라 정제된 언어를 고르고 내용을 다듬었다. 그람시는 끝내 생환하지 못했으나 신영복은 영육이 건강한 모습으로 살아서 나왔다. 그래서 '운명의 승리자'라는 헌사가 따른다.

40대 중반에 출감한 신영복 선생은 "옥중 20년을 나이에서 빼달라."는 농담을 하곤 하였다. 그렇지 않아도 그는 늘 청춘이었다. 죽을 때까지 고목이 되지 않았고, 노쇠를 모르는 채 젊고 푸르게 살았다. 육신도 젊었고 영혼은 더 젊었다. 사형의 근처에까지 가본 사람답지 않게 그는 항상 평온해 보였다. 햇볕이 귀한 지역에서 발생한다는 흑색종암에 걸려 임종을 앞두고도 평상심을 잃지 않았다.

유대계 독일출신의 미국인 교육사상가 새뮤얼 울먼(1840~1924)의 산문에 「청춘」이 있다.

청춘이란 인생의 어느 기간을

말하는 것이 아니라

마음의 상태를 말하는 것이다

세월을 거듭하는 것만으로

사람은 늙지 않는다

이상을 잃을 때 비로소 늙게 된다

세월은 흐르면서

피부에 주름을 남기지만

정열을 잃으면

영혼에 주름이 진다.

우리 독립운동사에도 '운명의 승리자'가 있었다. 박열 (1902~1974) 선생은 21세 때인 1923년 일본 도쿄에서 일왕 부자를 폭살하려다가 피체되어 22년 2개월 하고도 하루 동안 혹독한 일제 감옥에서 살다가 43세 때에 일제의 패망으로 풀려나왔다. 그 역시 건강하고 당찬 모습으로 석방되고 옥중에서 많은 글을 썼다.

신영복 선생의 지인들은 20대의 청순했던 얼굴이 20년의 옥고를 치르고도 그 모습이었고, 70대에 별세할 때까지 얼굴을 그대로 간직했다고 회고한다. '간첩사건'이라는 어마어마한 낙인이 찍힌 채 한없이 메마르고 단조로운 감방에서 어떻게 그토록 건강성을 유지했으며, 어떻게 그렇게 유연하고 속내 깊은 아포리즘을 간직할 수 있었을까.

그람시가 감옥에서 이빨이 빠지고 췌장이 망가지는 고통 속에서도 필사적인 노력으로 『옥중수고』의 원고를 썼다면, 신영복 선생은 원효대사의 '난인능인難忍能忍', 풀어서 "참기 어려운 것을 능히 참는 정신력"으로 몸과 마음을 지키고, 도끼날에 향기를 묻히는 향나무와 같은 산문정신을 숙성시킨 것이 아닐까. 그의 한없이 힘겨웠던 삶이 정신과 영혼을 살찌게 한 것이다.

박정희의 철권통치 18년 동안 많은 사람이 무고한 죄목으로 죽거나 투옥되었다. 그리고 숱한 인재들이 우리 곁에서 사라졌다. 소수이지만 박정희와 싸워 이긴 이들도 있었다. 정치인으로는 김대중 전 대통령이고, 예술가로는 윤이상 선생, 그리고 들사람으로는 신영복 선생이다. 이들은 견디기 어려운 인내와 조국애, 민주주의에 대한 강한 신념, 여기에 식을 줄 모르는 창작 활동과 독서열이 승리의 배경이었다.

흔히 긴 옥고를 치르고 나온 피해자들이 자학의 늪에 빠져 정신적으로 묽어지게 되는 데 비해 신영복 선생은 출감 후에도 지식인의 건강성과 엄격성, 정직성을 유지하면서 유연한 사고를 갖고, 군사독재와 그 아류들이 판치는 몰상식한 사회에서 산성화된 시민들의 가슴을 정화시키는 한 바가지 샘물과도 같은 역할을 하였다. 군더더기 없는 그의 산문을 읽은 민초들이 숲을 이루고 연대하여, 마침내 2017년 촛불혁명의 주역이 되었다. 선생이 그 장엄한 광화문의 촛불혁명을 보지 못한 채 눈을 감은 것이 못내 아쉽다.

긴 세월 형언하기 어려운 조리틀림 속에서도 가장 인간적이었기 때문에 가장 혁명적이었고 탁월한 사상가가 될 수 있었던 그람시와 신영복. 신영복 선생의 험난했던 역정과 넓고 깊은 사색의 심연을 찾는 이유다.

'인간해방'의 사상가 신영복 선생을 상징하는 몇 가지 열쇳말이 있다.

처음처럼

더불어 숲

여럿이 함께

머리에서 가슴까지

상선약수上善若水

목수의 그림

시냇물 노래

연대와 가치

인간해방

하나 같이 속내 깊은 사연과 신념이 담긴다. 이들 열쇳말들의 연결점은 '인간해방'으로 귀착되지 않을까 싶다. 압제로부터의 해방, 물신物神숭배주의로부터의 해방, 나아가서는 사람들을 과도하게 짓밟고 규제하는 각종 제도와 악습으로부터의 해방을 추구하였다. 구속의 사유가 되었던 사회참여 때나 옥중에서 그리고 풀려나와 활동하면서 추구했던 가치가 모두 그러하였다.

신영복 선생을 부르는 호칭은 다양하다. 사형수, 무기수, 산문작가, 에세이스트, 구도자, 교수, 석좌교수, 시대의 지성, 시대의 양심, 시대의 스승, 시대의 촛불, 문장가, 동양고전학자, 서예가….

한 분야에서 두각을 나타내기도 어려운 '집단지성'의 시대에 그는 다방면에서 독특성을 보여주었다. 우선 시·서·화에 능하고 문·사·철에 일가를 이루었다. 출간 때마다 '낙양의 지가'를 올리는 책은 그렇다 치고, 자신의 저서에 직접 그림을 그려넣을 정도의 화필, 여기에 '민중체', '유배체' 또는 '어깨동무체'라 불리는 독특한 서체 등, 21세기 한국지식인 사회에서는 보기 드문 유형의 인물이다.

해서, 그를 사상가라고 불러도 손색이 없을 것 같다. 흔히 사상가라면 경세의 철학과 고매한 경륜을 갖춘 초인형을 떠올리기 쉽지만, 실제로 그런 인물은 예언가 아니면 성인聖人에 속한다. 이들 중에는 당대인들에게 배척되거나 이단시 되는 경우도 많았다.

당대인들에게 원효는 미치광이 승려로 보였고, 퇴계·남명·율곡은 고리타분한 유학자로, 정약용은 유배자일 뿐이었다. 진정한 사상가는 당대인들과 함께 살면서 시선을 평균보다 약간 높이, 그리고 시대정신을 구현하는 인물이다. 하지만 그들의 언행은 시공을 뛰어넘었고 보편성과 독특성을 갖췄다.

이 같은 의미에서 신영복 선생은 사상가라 할 수 있겠다. 그가 사상가의 반열에 들 수 있는 것은 감옥과 사회에서 다양한 사람들을 만나면서 싹이 텄다. 불운한 시대에 불우한 삶을 살았던 그는 감옥에서 유별난 사람들과 만날 수 있었고, 출감 후에는 변방에서 수

많은 아웃사이더들과 어울렸다.

> 감옥에서 창백한 인테리 정신과 결별한 것이죠. 개인의 팔자
> 는 민족의 팔자를 벗어나지 못한다는 뼈아픈 체험도 하게 됐습니
> 다. 일제하 공산주의자, 만주 팔로군, 대구 10·1사건 주동자, 해방
> 전의 빨치산, 해방 후의 빨치산….
>
> 그분들을 만나면서 단순한 역사로서 만났던 해방 전후의 역
> 사를 피가 통하고 살이 통하는 역사를 다시 만나게 되었다는 점을
> 들 수가 있죠. 말하자면 매몰된 역사를 복원시킬 수 있는 계기를
> 만난 셈입니다.[5]

신영복 선생이 '인생대학'이라 일컫던 감옥에서 만났던 인물군
의 일부에 속한다. 이들뿐만 아니라 제도권에서 퇴출당한 각양각색
의 수인囚人들을 만났다. 5년 정도의 독방신세를 제외하고 15년 이
상을 그들과 한방에서 '더불어' 살았다.

신영복 선생에게 감옥은 '창백한 인텔리와의 결별'을 가져왔고
대신 인간해방 사상의 씨앗이 뿌려졌다. 그래서 "신문지 한장 펼친
정도 크기의 햇볕"에도 행복을 느낄 수 있었다는 수인囚人의 철학사
상은 고차원이 아니라 평면적이고 입체적이다.

> "그릇은 비어 있음으로 쓰임이 생긴다"
> "손은 갖고 있는 것을 내려놓을 때 비로소 빈손이 된다"

"북극을 가르키는 지남철은 항상 바늘 끝을 떨고 있다. 여윈 바늘 끝이 떨고 있는 한 우리는 그 바늘이 가르키는 방향을 믿어도 좋다. 만일 그 바늘 끝이 불안한 전율을 멈추고 어느 한쪽에 고정될 때 우리는 그것을 버려야 한다. 이미 지남철이 아니기 때문이다."

이러한 통찰, 이 같은 일상의 지혜들을 쉽고 간결한 문장과 아포리즘을 당대인들에게 전파한 사상가가 신영복 선생이다.

나는 신영복 선생과 작은 인연이 있었다. 1998년 『서울신문』 주필로 취임하여, 이 신문의 그동안의 행적 등을 이유로 신문 제호를 바꾸기로 하였다. 전문 학자들과 의논한 결과 1904년(광무 9)부터 병탄 때까지 발간된 일간지 『대한매일신보』의 제호로 돌아가야 한다는 의견이었다. 이 신문은 영국인 배설을 사장으로, 양기탁·박은식·신채호 등 민족진영 인사들이 만들었던 민족지였다. 나는 신영복 선생에게 제호를 부탁드렸고, 선생께서는 기꺼이 신문사 주필실에 와서 힘찬 필체로 『대한매일』의 제호를 써 주었다. 그리고 "『대한매일』까지 환생하는 걸 보니 대한민국이 변하고 있는 것은 사실인 것 같다."는 의미 있는 소회를 밝혔다. (『대한매일』은 나의 퇴임과 함께 4년여 후 『서울신문』으로 되돌아갔다)

독재의 폭압과 지식인들의 허위의식이 세상의 담론을 지배하던 참담한 시절에 그의 발언은 미약했으나 울림은 어느 논객·학자·정치인에 못지않았다. "글이란 모름지기 좋은 울림善鳴이어야 한다."

는 율곡의 말 그대로였다. 모두들 병들었는데 아무도 아프다는 소리조차 제대로 내지 못했던 암울한 시대에 그는 청신한 발언을 하고, 물신숭배주의가 요동을 칠 때 오직 '생명에 대한 외경심'으로 대담을 하고 글을 썼던 생명철학자이고, 인간해방사상가였다. 지나치게 관념적이라는 비판도 따르지만 그의 관념은 미네르바의 부엉이가 아니라 실천형이었다.

신영복 선생의 '눈 속의 새파란 댓잎' 같았던 생애와 사유의 심연을 찾아 떠나고자 한다.

차례

1장

우수한
모범생으로
자라다

교육자의 아들로 태어나

태어난 장소와 성장기의 시기는 자신의 의사와는 무관하게 일어난, 숙명적이지만 어디서 언제 누구의 자식으로 태어나느냐는 자신의 운명에 지대한 영향을 미친다. 신영복은 1941년 8월 23일 아버지의 임지로 1, 2학년만 있던 간이학교 경남 의령군 유곡공립보통학교 교장 사택에서 3남2녀 중 넷째로 태어나 밀양에서 자랐다.

그가 태어난 1941년은 일제가 조선에서 마지막 폭압과 수탈의 시기로 접어들던 시점이었다. 한 해 전(1940)에 창씨개명이 강제되고, 조선총독부는 국민총력조선연맹과 국민정신총동원연맹을 개편하여, 쌀 공출과 5억 원 저축운동이라 하여 조선의 모든 생산품을 쥐어짰다. 여기에 사상통일이란 구실 아래 훈련을 비롯한 실천요강으로 황국신민화와 전시수탈에 광분하였다.

총독부는 중등학교 이상 모든 학교에 학교총력대를 결성하고, 조선사상범 예방구금령을 공포하여 미전향 사상범과 소위 위험인물들(반일인사)을 강제 구금하여 각 경찰서와 형무소에 수감하였다. 1941년 12월 7일 일제가 태평양전쟁을 도발하자 12월 9일 중국 충칭에 있는 대한민국 임시정부가 대일선전포고를 했으나 조선에 살고 있는 대다수 국민은 이를 알 리가 없었다.

제2차 세계대전을 도발한 일제의 폭압과 수탈은 날이 갈수록 심해졌다. 총독부는 식량관리법을 공포한 데 이어 각 가정의 수저와 제수용 놋그릇까지 강제로 빼앗아가고, 모든 관공서와 학교에서 한국어 사용과 교육을 전면 금지시켰다. 그야말로 조선은 암흑천지가 되었다.

신영복이 어린 시절을 보낸 경남 밀양은 의열단장 김원봉의 고향이기도 하다. 의열단이 만주에서 창립될 때 13명 중 9명이 이곳 출신이었다. 이들에 의해 밀양경찰서가 폭파되는 등 의열단은 일제가 가장 두려워했던 지하조직이었다.

의열단이 밀양 출신 청년들에 의해 결성된 것은 결코 우연한 일이 아니다. 그 뿌리에 조선시대의 강직한 선비 점필재佔畢齋 김종직金宗直(1431~1492)이 자리 잡고 있었다. 고려 말 정몽주와 길재의 학통을 이은 김종직은 병조참판·홍문관제학·공조참판 등을 역임하고, 문장·사학에 두루 능하였으며 절의를 중요시하여 조선시대 도학道學의 정맥을 이어가는 중추적 인물이었다.

그는 중국의 고사를 인용하여 단종을 의제에 비유하면서 세조

(수양대군)의 왕위찬탈을 비판하는 '조의제문弔義帝文'으로 사후에 부관참시되는 비극을 당한다. 김굉필·정여창·김일손·남효온·이맹전 등이 그의 제자이고, 조광조가 김굉필의 제자로 이어졌다.

신영복의 아버지는 김종직에 관한 연구를 통하여 『김종직의 도학사상』이란 책을 쓸 만큼 점필재를 흠모한 역사의식이 남다른 지식인이었다. 노년에는 『사명당 실기』와 『사명당의 생애와 사상』 등을 저술하여, 밀양지역에서 사명대사 탄생지를 성역화하는 작업이 시작되는 계기를 만들었다.

신영복의 아버지는 자작농의 맏이로 일제강점기 지방의 명문인 대구사범학교를 수석으로 졸업한 인텔리이고, 어머니는 봉건지주의 막내 외동딸이었다. 두 분이 다 밀양이 고향으로 신영복은 아버지의 임지인 의령군에서 태어났다. 신영복의 위로 누님 둘과 형이 있었고 남동생이 태어나 3남2녀가 되었다.

신영복은 줄곧 교장 선생인 아버지가 근무하는 학교 사택에서 자랐다. 일제 말기의 경제적으로 대단히 궁핍했던 시절임에도 신영복의 아버지는 교육자이고 어머니는 지주의 딸이어서 생활은 안정적이었다.

점필재를 연구한 아버지는 교사 신분인데도 일제강점기 일본인 교장 배척운동에 가담하고, 한글연구 비밀 서클에 관계했다가 쫓겨나서 변두리 학교에 촉탁으로 간신히 복직한 정도로 정의감과 민족의식이 넘쳤던 교육자였다. 아버지는 앉을 때 벽에 기대지 않을 만큼 곧고 강직한 태도를 지녔고, 어머니는 착하고 어질면서도 강인한 여성이었다. 신영복은 이런 부모의 DNA를 받아서인지 어렸을 적부터 심성이 곱고 정의감이 살아 있는 소년으로 성장한다.

신영복보다 40여 년 전에 태어난 김원봉과 그의 동지들처럼 그 역시 밀양의 영남루 앞을 유유히 흐르는 남천강과 유서 깊은 표충 사를 오르내리며 청소년기를 보낸다. 아버지의 비판 정신과 밀양이 라는 지역의 저항정신이 어린 신영복의 마음속으로 스며들었을 것 이다. 신영복의 회고이다.

해방 당일 마을의 젊은이들이 자연스럽게 우리 집에 모였고, 그 젊은이들로부터 교장이 도망가고 비어있는 집을 가서 지키고 있으라는 '명령'을 받았습니다. 비 오고 바람 부는 그 밤을 꺼질 듯 까무라치는 접시불 하나를 밝혀 놓고, 제법 무서운 다다미방을 지킨 것입니다. 제가 41년생이니까 다섯 살 때의 일이지요.

밤중에 횃불을 든 동네 청년들이 이상 유무를 확인하고는 보 급품(?)으로 자두 몇 개를 주고 갔습니다. 저는 어려서부터 아버 님의 친구들께 그분들이 시키는대로, 물론 아이들 상대의 농담이 지만, 나중에 커서는 '일본 총독'이 되겠다는 대답을 곧이곧대로 하고 있었던 터라 그날 밤이 어린 저로서는 굉장히 감격적이었습 니다.[1]

신영복의 어린 시절은 다른 아이들과는 달리 비교적 유복한 생 활이었다. 아버지가 교장 선생이어서 학교의 사택에서 지내고 교사들도 함부로 대하지 않았다. 그래서 특별한 대우를 받고 성장한다. 우쭐대기도 하고 시샘도 많이 받았다고 한다. 공부는 꽤 잘하는 편이었다.

학교가 파하고 집으로 돌아오던 하굣길에서 있었던 일입니다. 3학년 말 성적표, 당시에는 통지표라고 했습니다만, 그 성적표를 받아서 집으로 가는 길이었습니다. 같은 반의 이선동이란 친구가 길을 막고 제게 따갑게 쏘아 부쳤습니다. 사실은 자기가 1등이라는 것이었어요. 너는 교장 아들이기 때문에 담임 선생에게 잘 보여서 1등이 되었지만 사실은 자기가 1등이라는 것이었습니다. 그는 우리들보다 두 세살 나이가 많은 귀환동포로서 해방 후 일본에서 귀환했는데, 우리 또래보다는 여러 면으로 조숙한 편이었습니다.

당시 아버님은 우리 학교의 교장이 아니셨고, 나 자신은 물론이고 함께 그 말을 들은 친구들도 그 친구의 말이 터무니없다는 것을 잘 알고 있었습니다. 그러나 어쨌든 그것은 충격이었습니다. 그 후 그 친구의 집에 자주가게 되었는데 집이랄 수도 없을 정도였습니다.

길가로 달아낸 방 한 칸과 먼지 자욱한 좁은 툇마루가 전부일 만큼 무척 가난했습니다. 한 번도 그의 부모를 본 적이 없을 뿐 아니라, 거의 굶고 있는 것 같았어요. 이것은 처음보다 더 큰 충격이었습니다.[2]

이후 신영복의 생활태도는 많이 달라졌다. 학교에서 고의적으로 일을 저질러 벌을 자초하고 개구진 장난을 하면서 말썽을 일으켰다. 어린 마음에도 교장 선생의 아들로서의 특권적 위치에서 벗어나려는 행동이었다.

신영복은 밀양에서 국민학교(현 초등학교)와 중학교를 졸업하고 고등학교는 부산상업고등학교로 진학한다. 초등학교 5학년 때부터 응원단장으로 발탁되어 고등학교 졸업할 때 까지 계속 응원단장을 할 만큼 활달하고 친화성이 많은 학생이었다.

초·중에 이어 부산상업고등학교 진학

신영복은 4세 때에 해방을 맞았다. 아버지가 반일적인 교육자이어서 이 가족의 해방에 대한 기쁨은 남달랐다. 신영복은 조숙한 소년으로 자랐다. 진보적인 아버지와 형의 영향이 컸다. 초등학생 때부터 박계주의 『순애보』, 이광수의 『흙』이나 『유정』 등 소설을 읽었다. 아버지의 서가에는 동양고전을 비롯하여 이시젠코의 『철학사전』, 보차로드의 『세계사 교정』, 진석담·허동 등이 번역한 『자본』 1권도 있었다고 기억한다.

신영복은 어린 시절 할아버지로부터 한문과 붓글씨를 배우고 밀양에서 초등학교를 나와 10세 때에 밀양중학교에 입학하였다. 교장 선생인 아버지를 따라 주로 학교 사택에서 살았다. 아버지는 나중에 두 번의 교장을 거쳐 밀양군 교육감으로 승진하였다. 항일정신과 곧은 처신이 교육계에서 인정받은 것이다. 이때까지만 해도 가정은 경제적으로 크게 어렵지 않았다.

밀양 지역은 6·25전쟁 때 인민군에 의한 인공치하를 직접 겪지는 않았으나 신영복은 어린 나이에 서북청년단이 좌익으로 몰린 청년들을 죽이고 그들의 머리를 영남루 부근 남천교에 효수한 장면을 목격하면서 전쟁의 참상과 민족문제에 눈을 뜨게 되었다.

> 국민학교 4학년 때 6·25를 맞았습니다. 하루는 학교를 피하고 돌아오는 하굣길에 참으로 끔찍한 광경을 목격하게 되었습니다. 남천교의 난간 양쪽으로 사람의 머리를 잘라서 달아 놓았는데, 하도 무서워서 그 다리를 건널 수가 없었어요. 아마 10개가 넘었다고 기억됩니다. 중고등학교 여학생들은 남천교를 건너지 못한 채 울고 서 있었습니다. 양쪽 귀를 관통해서 철사로 꿰어 달아 놓은 머리도 있고, 아래에서 올려다보면 잘린 목통 속이 보이는 것도 있었습니다.
>
> 머리카락은 형편없이 헝클어져 얼굴을 덮고 있었는데, 하나 같이 핏기가 가셔서 종잇장처럼 새하얀 얼굴을 하고 있어서 그나마 덜 무서웠습니다. 그 달아 놓은 머리의 뺨을 때리며 욕하는 노인도 있었습니다. 그러나 거기서 우는 가족은 하나도 없었습니다.[3]

신영복이 중학교 다닐 때 가정에 큰일이 있었다. 아버지가 1954

년 5월 20일 실시된 제3대 민의원 선거에 입후보한 것이다. 강직한 성품의 아버지는 이승만 자유당 정권의 폭정에 반발하면서 이를 바로 잡고자 야당 후보로 총선거에 나섰다. 그러나 부정부패와 관권선거가 판을 치던 때이어서 온갖 탄압을 받게 되고 결국 낙선하고 말았다. 여론에서는 크게 앞섰으나 각종 관권 부정과 심지어 투표함까지 바꿔치기한 부정선거에서 패배한 것이다.

신영복은 1956년 봄 부산상업고등학교에 진학하였다. 인문계열에 관심이 많았던 그가 실업계 고등학교에 진학한 것은 자형이 그학교 교사여서 사택에서 지낼 수 있었기 때문이다. 또 아버지의 낙선으로 가정생활이 크게 어려워진 데다 형이 서울에 유학 중이어서, 졸업하면 은행에 취직이 될 것이라는 부모의 뜻에 따른 것이다. 고교 동창생의 증언이다.

> 고교 시절의 신영복을 회상하면 왠지 동자승의 이미지가 먼저 떠오른다. 이는 까까머리에 단아하고 동글동글한 느낌을 주는 외양 탓도 있겠지만, 그보다는 그의 티없이 맑고 밝은 분위기 때문이 아니었을까 싶다. 또 그가 교직원 사택에 유숙하고 있어 행동반경이 학교와 그 언저리로 매우 제한되었던 점과도 무관하지 않으리라 여겨진다.
>
> 동자승을 닮은 인상과 분위기에 걸맞게 순수하고 천진난만했던 그는 당차고 활달한 면모를 보인 예외적인 경우도 없지는 않으나, 전체적으로는 감수성이 풍부하고 섬세한 심성을 갖고 있었

다고 기억된다. 말하자면 이성보다는 감성과 지성이 돋보였다고
할까.[4]

신영복은 가까운 학우 6명과 '은린銀鱗'이란 서클을 만들어 시·
소설 등 습작 활동을 하고, 학업도 우수한 모범생이었다. 학업성적
은 물론 예능과 스포츠까지 다방면에 걸쳐 재능을 보였다.

> 그는 전교 시詩 백일장에서 장원을 하는가 하면 글씨와 그림에
> 서도 남다른 소질을 보였다. 특히 삽화와 만화는 재치 있는 주제
> 설정이나 자유분방하면서도 섬세함을 잃지 않는 선이 움직임에
> 서 그때 이미 기성 작가의 경지를 넘나들고 있었다. 그는 또한 시
> 서화나 음률에 통한 사람들이 흔히 결하기 쉬운 운동에도 능하여,
> 축구에서 씨름까지 못하는 운동이 없어서 공부만 잘하는 백면서
> 생들의 부러움을 사곤 하였다.[5]

신영복은 매달 실시하는 대입 모의고사에서 항상 전교 수석을
차지하고, 한글날 부산시에서 실시한 백일장에서도 차상次賞을 차
지할 만큼 우수한 학생이었다.

졸업을 앞두고 신영복과 '은린' 멤버들은 울산·방어진·밀양 등
회원 각자의 고향을 함께 여행하는 등 즐거운 청소년기를 보냈다.
신영복은 졸업 때까지 부산에 있는 매형의 학교 사택에서 지내다
주말이면 본가로 돌아가 부모와 함께 보내었다.

2장

학부와
대학원
재학 시절

서울대학교 상과대학 입학, 활발한 서클활동

신영복은 19세이던 1959년 부산상업고등학교를 졸업한다. 집안에서는 한국은행에 취업하길 바라 은행 면접시험을 보기로 하였다. 학과시험은 우수해서 면접만 통과되면 입사가 결정되었다. 당시 청년들에게 한국은행 입사는 선망의 대상이었다.

하지만 신영복을 각별히 아껴 문예반 소속이 아닌데도 각 지방의 문화제 행사의 백일장에 출전시키기도 했던 시인이자 국어교사인 김태홍 선생이 은행 면접을 한사코 말렸다. 신영복 같은 인재는 은행보다는 더 큰 공부를 해야 한다는 취지였다. 그에 따라 서울대학교 상과대학에 응시하였고 거뜬히 합격하였다. 이로써 인생의 진로가 바뀌게 되었다.

그 선생님은 설명이 많지 않은 분이셨습니다. 그냥 '가라'는 것이었지요. 경제학은 돈 벌어서 자기 혼자 잘 살기 위한 학문이 아니라고 하신 말씀이 기억납니다. 그리고 미국의 경제원조와 군사원조가 사실은 원조가 아니라는 거였어요.[1]

신영복은 스승의 권고를 따르면서 "보다 본질적인 공부를 하고 싶어서" 상대를 지원한다. 신영복이 서울대학교 상과대학에 입학하여 학창생활을 시작한 시기는 한국 현대사의 격변기였다. 6·25전쟁으로 황폐화된 경제는 전후복구가 어려운 가운데, 권력욕망에 이성을 잃은 이승만 대통령은 야당의 유력한 대통령 후보 조봉암을 사법살인하고, 야당과 언론에 족쇄를 채우는 국가보안법을 날치기로 개정한 데 이어 정론지 『경향신문』을 무기한 정간처분하였다. 그리고 대통령 4선을 위해 3·15부정 관권선거를 획책, 국민의 비판과 저항을 불러왔다.

대학생이 된 신영복은 교지인 『상대평론』의 편집위원과 단과대학 신문인 『상대신문』의 기자로 있으면서 학과수업 외에도 폭넓은 지식과 경험을 쌓았다. 3학년 때부터는 경제학과의 진보성향 클럽 경우회 회원으로 참여하여 활동하였다. 또 기독교 학생서클에서 운영하는 공장야학에 가담하여 노동자들의 권익옹호에 나서기도 했다.

그런 와중에 1960년 4·19혁명이 폭발하였다. 신영복은 대학 2학년 때 4월혁명을 겪었다.

당시 저는 대학 2학년이었습니다. 4·19 데모는 주로 문리대 쪽에서 조직했고, 상과대학에서는 사전 조직이 없었습니다. 더구나 저는 저학년인 데다 아르바이트 하느라고 적극적으로 참여할 여유가 없었습니다. 시위에는 물론 참가했지요. 지금도 기억에 선명하게 남아 있는 장면이 있습니다.

국회의사당 앞에서 연좌하고 있을 때였습니다. 지금은 청와대로 이름을 고쳤지만 당시의 경무대 앞 효자동 전차 종점에서는 이미 발포가 시작되어 사상자가 속출하고 있었습니다.

그때 고등학생 한 명이 달려와서 피묻은 러닝셔츠를 펼쳐 보이며 울면서 외쳤습니다. 텅 빈 국회의사당 앞에 앉아서 뭘 하느냐는 거였어요. 그래서 우리들 사이에서는 경무대로 밀고 가자느니, 가서 개죽음 당할 필요가 없다느니 설왕설래하고 있었는데, 갑자기 뒤에서 "저게(피 묻은 셔츠) 어째서 개죽임이냐"는 고함소리가 났어요. 돌아다 보았더니 의외에도 가까운 친구였어요. 그래서 더욱 충격이었습니다.

많은 학생들이 경무대 쪽으로 달려갔어요. 저도 종암동의 학교에서부터 줄곧 저와 함께 스크럼을 짜고 시위에 참가했던 친구를 따라 경무대로 향했습니다. 그때 그의 애인이 달려와서 그의 팔을 잡고 매달렸습니다. 저는 붙잡는 애인이 없어서 그냥 경무대로 갔었지요. 저희 선배 한 분이 그곳에서 숨겼습니다.[2]

4·19혁명 후 대학의 분위기는 크게 바뀌었다. 각종 서클이 등장

하고 논제도 다양했다. 신영복은 여러 서클에서 주제하는 담론에 참여하면서 토론을 즐겼다. 대학가는 이승만 시대의 반공이데올로기의 중압에서 벗어나 그야말로 학문의 자유롭고 다채로운 아카데미로 변하였다.

> 당시 서클에서 논의한 주제들은 분단문제, 미국의 한반도 전략과 신식민지지배, 매판자본 등 당면하고 현실적인 문제에서부터 제3세계, 세계사, 한국근대사 등 잡다할 정도로 광범위한 것이었습니다. 대체로 전위운동에 필요한 의식을 공유하려는 노력이었다고 생각됩니다.[3]

4월혁명과 5·16쿠데타 변혁기 맞아

4·19 후 대학의 교과내용이나 연구풍토를 묻는 한 인터뷰어의 질문에 대한 신영복의 답변이다.

> 경제학과의 경우는 케인즈로 대표되는 근대경제학 중심으로 커리큘럼이 짜여져 있었습니다. 자본축적론과 같이 마르크스 모형에 의해서 축적구조를 설명하는 강의도 일부 있었지만, 전반적인 풍토는 근대경제학적 관점이 지배적이었습니다. 성장론 완전고용정책 화폐금융론 등이 기조를 이루었습니다. 그러나 서클 중

심의 학회에서는 슘페터, 돕, 로빈슨, 후버만 등의 이론들이 논의되었습니다.

　4·19직후에는 한동안 『자본』 원강이 선택과목으로 개설되기도 하고, 세미나 서클에서는 마르크스와 레닌의 저작들이 교재로 등장하기로 했습니다. 그러나 일반적인 연구 분위기는 방금 말씀드린 대로 근대경제학 일색이었습니다. 마르크스-레닌 관련 서적은 도서관의 분류카드에도 없었지요. 한 마디로 당시 대학의 연구 풍토는 기존의 지배이념을 비판하고 대항하기 위한 변혁이론의 산실로서는 여러 면에서 부족했다고 생각됩니다.[4]

　그러나 4·19 이후 조금씩 변화된 한국 대학의 자유분방하고 백화난만한 학문의 자유는 오래가지 못하였다. 1961년 5·16쿠데타가 발발하고 대학가는 이승만 시대보다 더한 억압과 감시의 먹구름이 덮쳤다. 학생들의 사회활동은 물론 서클활동도 위축되었다. 그런 속에서도 신영복은 후배들의 세미나를 지도하고 상과대 학생들로 조직된 경우회와 CCC란 종교단체 산하의 동아리, 정읍 출신들이 모인 동학연구회 등에 참여하였다. 또한 고려대·연세대의 학생 동아리 세미나에 출석하여 학생들을 지도하였다.

　신영복의 가족은 그가 대학 2학년 때 서울로 이사하였다. 넉넉지 않은 살림이어서 종암동에 방 두 칸짜리 전셋집이었다. 큰아들 영대는 고려대에 다니고, 둘째 영복은 서울대, 셋째 영석이 연세대에 합격하면서 아예 가족이 서울로 거처를 옮긴 것이다.

3형제가 서울의 명문대를 나란히 입학한 것으로 보아 머리가 우수한 집안이었다. 대학에 다니면서 형제들은 모두 아르바이트를 하였다. 신영복은 가정교사 등 아르바이트를 하면서 학비와 교통비, 도서구입비 등을 충당하고 학교에서 장학금도 받았다.

신영복이 이 무렵 어떤 잡지에 「등산가족」이란 글을 썼는데, "우리 집에는 등산을 좋아하는 사람은 아무도 없지만 전세값이 오르면 어쩔 수 없이 방값이 싼 높은 곳으로 자꾸 올라가게 되어 좋게 말하면 등산가족이다."[5]라는 내용을 담을 정도로 가족의 생계가 쪼들렸음을 보여준다.

그런 속에서도 신영복은 자기보다 더 어려운 친구들을 도왔다. 동기생의 증언이다.

> 그 당시, 내가 가정교사를 그만두게 되어 한동안 힘들어했는데 자리가 날 때까지 자기 집에 와 있으라고 했다. 그래서 한 달 동안 그 작은 집에서 신세를 겼는데 철이 든 지금 생각해보면 정말 무안할 뿐이다.
>
> 1960년대 초반은 모두가 어렵던 시절이어서, 대학생들은 군복을 물들여 입고 미군 군화를 검게 염색해 신는 것이 유행이었다. 특히 군화는 비싸서 아무나 신지 못했다. 그런데 어느 날 신영복이 나 신으라며 군화를 사 가지고 왔다. 웬 거냐고 물었더니 장학금을 탔다고 했다. 혼자 쓰기에도 턱없이 모자라는 것을 알고 있었기에 두고두고 고마움을 잊을 수 없었다.[6]

신영복은 어려운 환경 속에서도 친구를 돕고 생래적인 낙천성과 친화력 그리고 치열한 학구열로 학창시절을 보내었다.

> 신영복의 젊은 시절 또 하나의 특징적인 면모는 그가 문자 그대로의 팔방미인이요, 못 하는 것이 없는 멀티탤런트였다는 사실이다. 두보의 시였는지 소월의 시였는지 지금은 가물거리지만, 모여서 담소할 때면 곧잘 한시나 우리 시, 가사 구절을 청아한 목소리로 낭송해주었다.
>
> 상대신문의 명기자로 문재를 드날렸음을 물론, 삽화와 만화를 게재하였고, 각종 시화전이나 문학 서클이 주관하는 문학의 밤이나 시 낭송 행사에도 빠지지 않고 핵심 인물로 활동하였다. 또 축구나 농구 등 못하는 운동이 없을 정도로 재능을 발휘하였다. 지금도 홍릉의 잔디밭을 빨빨거리며 뛰어다니던 작은 체구의 그가 눈에 선하다.[7]

대학원에서 마르크스주의 경제학 관심

서울상대를 졸업한 신영복은 1963년 서울대학교 대학원에 진학하여 공부를 계속한다. 경제사·이론경제·경제정책의 순서로 공부를 하면서 책(교재)은 주로 담당 교수들로부터 빌려 보거나 학교 도서관과 고려대학교 아세아문제연구소에서 대출 받아 읽었다.

석사학위 논문은 「봉건제 사회의 해체에 관한 연구」였다. 이와 관련 신영복의 발언을 직접 들어보자.

> 제목은 「봉건제 사회의 해체에 관한 연구」입니다만, '노동력의 사회적 존재양식을 중심으로'라는 부제가 딸려 있습니다. 처음에는 『노동력의 사회적 존재양식에 관한 연구: 봉건제 사회의 해체를 중심으로』라는 제목으로 제출했습니다만, 지도교수인 최문환 학장이 난색을 표해서 제목도 바꾸고, 내용도 일부 삭제하고, 주註도 다시 정리했습니다. 우여곡절 끝에 지도교수도 박희범 교수로 바뀌었습니다.
>
> 주를 다시 정리한 것은 제가 간접 인용한 부분도 있고, 당시로서는 출처를 표시하기가 곤란한 책도 있었기 때문이었습니다. 우리나라의 봉건제는 분석하지 못하고 서양경제사를 중심으로 주로 스위지, 돕, 다카하시, 스즈끼 등의 연구논문들을 기초로 하여 봉건제의 해체과정을 노동력의 사회적 존재양식이라는 시각에서 정리한 것에 지나지 않습니다.[8]

대학 시절은 누구에게나 지적 호기심이 가장 왕성할 때이다. 6·25전쟁을 겪고 이승만에 이은 박정희의 극우반공주의 체제는 대학에서까지 마르크스주의를 배척대상의 제1급으로 취급하였다. 마르크스의 경제이론도 마찬가지였다. 특정 학문(이론)을 배제하면 그럴수록 호기심을 갖는 것은 청춘(지성)들의 특권이랄 수 있다.

신영복도 다르지 않았다. 앞서 인용한 대담자 정운영이 물었다. "대학이나 대학원 시절 마르크스주의를 비롯한 진보적 이론을 접하게 된 인연이나 배경이 있었습니까?" 그러자 신영복은 다음과 같이 대답했다.

당시 마르크스-레닌 이론에 관한 연구는 철저히 터부였고 책도 별로 없었습니다. 그리고 6·25로부터 당시에 이르는 광범한 사상의 초토화 지대가 가로놓여 있었습니다. 그러나 지금보다는 해방 전후의 상황과 시간적 거리가 가까웠기 때문에 마르크스-레닌 이론에 대한 관심 자체는 여러 가지 형태로 산재했습니다.

그리고 당시 제3세계의 사회주의적 개발방식과 계획경제의 성과가 진보지향적인 학생들의 의식을 과잉규정했던 면도 있었다고 할 수 있습니다. 우리나라가 자본주의와 사회주의의 대치 상황에 있었기 때문에 분단문제에 대한 관심은 당연히 사회주의 이론을 망라하게 됩니다.

해방 이후 정권의 정통성도 없었고, 식민지 경제구조도 그대로 확대 재생산되고 있는 형편이었습니다. 부정 부패의 만연, 그리고 광범한 빈곤의 축적은 자본주의적 개발방식의 한계와 모순을 쉽게 느끼게 하였습니다. 지금도 마찬가지입니다만 소위 후진국개발 이론은 선진국에서 국제경제론의 일환으로 다루어지던 것이었습니다. 이러한 정치·경제적인 동기 이외에도, 마르크스-레닌주의 이론에서는 정치경제학을 비롯하여 철학적 논리, 역사적

관점, 인간의 소외문제에 이르기까지 풍부한 지적 광맥을 만날 수 있었습니다.[9]

　신영복의 마르크스주의 이론에 대한 학문적 관심은 이후 그의 생애에 파멸적인 운명을 가져오게 하는 요인이 되었다. 2017년으로 마르크스의 『자본론』 출간 150주년이 되는 동안, 이 책은 세계적으로 가장 영향력 있는 저서 중의 하나로 꼽힌다. 특히 마르크스의 경제학이론은 경제학 연구에 피할 수 없는 책으로 평가받는다. 그럼에도 한국의 대학에서는 마르크스경제학을 터부시하였고 지금도 크게 다르지 않은 실정이다. 그래서 학생들은 경제학이론의 절반 정도를 배제시킨 채 경제학 공부를 하는 셈이다.

　신영복은 마르크스주의 경제학에 경도된 것도 아니었다. 대학 동창의 증언이다.

　　그는 경제학도로서 경제학 연구 보다 근본적인 사회경제의 발전이나 변화의 본질·법칙·공동체정신이나 인간 상호 간의 상호부조의 필요성, 인간의 존재와 사회, 보다 거시적인 역사 발전에서의 다양한 관계, 변화나 진보의 본질적인 추동력으로서의 인간의 본질, 한국적인 특수상황에 대한 고찰 내지 천착을 게을리 하지 않아, 이 방면에서도 이미 학창 시절에 나름의 기본 관점을 세웠던 것이 아닌가 한다.[10]

경제학도인 신영복은 대학원 시절에도 문우들과 어울려 시를 쓰고 그림을 그리면서 문학의 꿈을 버리지 않았다. 서울대학교 문우회 출신 선후배들이 시화전을 열고자 신영복에게도 시 한 편을 청탁하였다. 1964년 『대학신문』에 발표했던 「민족자본」을 출품했으나 끝내 시화전은 열리지 못했다. 작품을 한번 보자.

조흥은행에 불이 났는데
소방원 온통, 구경꾼 온통이 법석이라
봄비가 내려 안 날 법도 하지만
여하튼 나기는 났다
……
풍채도 별 보잘 것이 못되게
그래도 근 예순 해나 아랑곳없었는데
가슴 안쪽에 피가 맺혀 질퍽였는지
지금은 피를 말리나?
몸을 태우나?
……
네온이 곱고
찻집 음악이 흐르는 거리,
미도파 위쪽
신신백화점
반도호텔이 보이는 짬에

조흥은행은

애드벌룬도 없이

잔해가 섧다.[11]

3장

대학교수 시절에도
간직한
맑은 심성

숙대에 이어 육군사관학교 교수로

신영복은 1965년 25세 때 서울대학교 대학원 경제학과를 졸업한다. 대학(원) 재학 기간은 이승만 말기로부터 4월혁명, 박정희의 군사쿠데타와 집권 초기에 해당되는 변혁기였다. 그는 인생에서 가장 아름다운 시절을 한국 현대사에서 가장 혼란스런 격변기에 보낸 것이다. 대신에 그만큼 사회의식에 눈이 트이고 지식인의 소명의식을 갖게 되었다.

대학원 과정을 마친 신영복은 곧 숙명여자대학교에서 원서강독으로 '후진국개발론'의 강의를 맡았다. 당시에는 대학에서도 원서강독이 흔치 않았던 시절이다.

신영복이 대학에서 세상으로 나올 때의 정치적 격변은 '원대복귀'를 약속했던 박정희가 민정에 참여하여 1963년 12월 제5대 대통령에 취임하면서 어느 정도 안정되는 듯하였다. 그러나 군정기간에 비밀리에 한일회담을 추진하여 국가의 권익을 크게 양보한 굴욕회담의 내막이 1964년 초에 드러났다. 이해 3월부터 야당과 학생들의 굴욕회담 반대투쟁이 일어나고, 박정희 퇴진을 요구하자 정부는 6월 3일 서울 일원에 계엄령을 선포했다. 다수의 학생들이 구속되거나 학교에서 쫓겨났다.

굴욕회담 파동은 1965년까지 이어졌다. 정부 여당이 6월 22일 국회에서 한일협정을 단독으로 조인하면서 야당의원들이 이에 항의하여 총사퇴를 결의했다. 정부는 전투사단 베트남 파병안까지 국회에서 단독 처리하면서 이에 항의하는 학생시위가 다시 격화되었다. 베트남 파병은 미국의 용병이라는 세찬 비판이 따랐다.

정부는 무장군인들을 고려대학교와 연세대학교에 난입시켜 학생시위를 진압한 데 이어 8월 8일 서울에 위수령을 발동했다. 쿠데타로 집권한 박정희는 계엄령과 위수령, 휴교령 등 강압적인 수법을 되풀이하며 정권을 유지해 나갔다.

쿠데타 정권의 거대한 반시대적 역류를 깨어 있는 사회초년병이 감당하기란 쉽지 않았다. 신영복은 1966년부터 육군사관학교에서 경제원론과 근대경제사회 강의를 맡기로 하였다. 육군사관학교에서 서울대학교로 교수부 강사요원의 추천을 의뢰하여 실력이 우수한 신영복이 선발되었다. 당시 그는 제1보충역으로 병역이 면제된 상태였지만, 육군사관학교 교수 임용은 중위로 임관시켜 3년간의 군복무를 교수부에서 하는 조건이라, 희망자들이 많았다. 신영복은

10주간의 기본 훈련을 거쳐 육군중위로 임관되었다.

신영복은 통일혁명당 사건으로 체포될 때까지 3년 여 동안 육군사관학교에서 3학년의 필수교과였던 경제원론을 강의하였다. 육사 교수 시절 제자들에게 비친 모습이다.

선생님은 육사출신 선배가 아닌 특별한 케이스의 교수라는 점에서 호기심도 컸고, 선생님의 강의시간은 매우 자유스런 분위기여서 좋았다. 물론 선생님께서도 육군 중위 계급장이 달린 정복을 입고 강의를 하셨지만 우리는 선생님을 군의 상급자나 교관이라기보다는 몇 살 위의 형님 같은 분으로 생각했다. 그래서 선생님 강의시간은 우선 마음부터 편안했고, 선생님의 모습이 너무나 맑고 순수하고 열정적이어서 선배 교수님들과는 다른 신선함이 우리를 사로잡았다.

경제학을 세상살이와 연관지어 쉽게 설명해주셨기 때문에 일반 사회와 격리된 생활을 하는 생도들로서는 참으로 흥미로운 시간이었으며, 특히 칸트의 순수이성비판, 헤겔의 변증법 등 철학을 경제학과 연관시켜 많은 이야기를 들려주셔서 경제학 시간인지 철학 시간인지 분간을 못 하기도 했던 기억이 새롭다.[1]

또 다른 제자의 회고담이다.

나의 육사생도 시절, 당신의 삶으로 그 시대 사회 저변을 체험하고 이를 해결하려고 노력하셨던 분, 경제학과 신영복 교수님과의 만남이 있었다.

교수님의 진지했던 강의, 매 수업 시간을 할애하여 들려주셨던 5분 드라마 같은 아름답고도 슬픈, 사회 저변의 이야기들은 당시 감성적이고 혈기왕성 하였던 젊은 우리의 가슴을 울리기에 충분하였다.

"교수님의 깊고 넓은 지혜와 열정이면 우리 모두가 관심을 가져야 할 달동네 사람들—교수님은 이들을 달과 가장 가까운 동네에 사는 사람들이라고 표현하시곤 했다—과 서울역 지게꾼들의 힘든 삶, 가난 때문에 학업을 포기할 수밖에 없었던 어린아이들의 문제들을 해결할 수 있을 것"이라는 확신을 가지게 되었던 것이다.[2]

육사시절의 제자였던 김학곤 씨는 신영복의 강의 중에 "미네르바의 올빼미는 석양에 난다."는 내용의 설명이 수십 년이 지난 세월에도 잊히지 않는다면서 "생각해보니 바로 선생님 자신의 현재 모습을 말씀하셨던 것이 아닌가 싶다."[3]고 회상하였다.

'미네르바'는 그리스신화에 나오는 지혜의 여신으로 미네르바의 어깨 위에 앉은 올빼미는 저녁이 돼야 활동을 시작한다는 의미다. 대낮(현실)의 문제를 외면한 채 뒤처리에나 관심을 보이는 무책임한 지식인상을 말한다. 미네르바의 올빼미는 석양에라도 날지만, 다수의 올빼미(지식인)들은 압제가 두려워 행동을 하지 않는다.

청구회 어린이들과 함께

신영복은 생래적으로 여리고 순박한 성품을 지녔다. 그토록 험난한 세월을 힘겹게 살고도 시종 맑은 심성과 온화한 얼굴을 가질 수 있었던 것은 천성적이었던 것 같다. 이를 잘 보여주는 사례가 있다.

대학을 졸업하고 숙명여자대학교에서 강사로 있을 적이다. 1966년 봄, 서울대학교 문학회의 초대를 받고 회원 20여 명과 서오릉으로 답청踏青 놀이를 갔다. 불광동 시내버스 종점에서 서오릉까지 걸어가는데 한 무리의 소년들을 만나면서 이야기가 시작되었다.

만일 이 꼬마들이 똑같은 교복이나 제복 같은 것을 입고 있었거나 조금이라도 더 똑똑한 옷차림을 하고 있었더라면 나는 좀 더 일찍이 동행인(?)들을 알아차렸을 것이다. 여남은 살의 이 아이들은 한마디로, 주변의 시골 풍경과 소달구지의 바퀴자욱이 두 줄로 패여 있는 그 황토길에 흡사하게 어울리는 차림들이었다.

모표도 달리지 않은 중학교 학생모를 쓴 녀석이 하나, 흰 운동모자를 쓴 녀석이 또 한 명 있었던 것으로 기억된다. 운동모자는 여러 번 빨래한 것으로 앞챙 속의 종이가 몇 군데로 밀리어 챙의 모양이 원형과 사뭇 달라졌을 뿐 아니라 이마 위로 힘없이 처져 있었다. 그나마 흙때가 묻어서 새하얗게 눈에 뜨이지도 않는 것이었다.[4]

이렇게 꼬마 여섯 명을 만나게 된 신영복은 문학회 모임보다는 아이들과 더 자주 어울렸다. 매월 토요일 오후 6시에 장충체육관 앞에서 정례적으로 꼬마 친구들과 만났다. 이 만남은 1968년 7월 구속될 때까지 2년여 동안 이어졌다.

　　작은 호떡집에서 10원에 3개 주는 '문화빵'으로 만찬을 하고, 아이들이 10원씩을 모으고 신영복이 40원을 더하여 매달 100원씩 우편저금을 하여 꼬마 학생이 관리하도록 했다. 중학교 진학이 어려운 아이들의 사회진출에 작은 도움이라도 주기 위한 저축이었다.

　　꼬마들이 다니는 학교 이름을 따서 청구회靑丘會라고 모임의 이름과 노래도 지었다.

　　　청구회 노래
　　　겨울에도 푸르른 소나무처럼
　　　우리는 주먹 쥐고 힘차게 자란다
　　　어깨동무 동무야 젊은 용사들아
　　　동트는 새아침 태양보다 빛나게
　　　나가자 힘차게 청구용사들.

　　　밟아도 솟아나는 보리싹처럼
　　　우리는 주먹 쥐고 힘차게 자란다
　　　배우며 일하는 젊은 용사들아
　　　동트는 새아침 태양보다 빛나게

나가자 힘차게 청구용사들.

청구회 꼬마들은 한 달에 네 번씩 모여 신영복이 추천한 책을 읽고 매월 마지막 토요일에는 신영복도 참석하여 꼬마들의 독후감에 곁들여 강평을 해주었다. 육군사관학교 교수 시절 한 번은 '푸른 보리'를 뜻하는 숙명여대 청맥회 회원 8명과 육사생도 6명을 초청하여 꼬마들과 함께하는 시간을 가졌다.

이날 청구회 회원들은 여학생들과 사관생도들로부터 대단한 우대를 받았다. 가난한 옷차림을 낮추어 보는 시선도 없었고, 가난한 옷차림을 부끄러워하는 마음의 구김새도 없이 '신나게' 놀았던 하루였다. 육사 생도들은 육군사관학교로 꼬마들을 초대하겠다는 약속을 하였고, 여학생들은 '청구문고'에 도서를 기증하겠다는 약속을 했다.

오후 5시경 수유리 종점에서 헤어질 때까지 우리는 줄곧 의젓하게(?) 처신하면서 청구회의 위신을 손상시킴이 없도록 자제하기도 하였다. 그래서였던지 그후 동행인들로부터 각종의 찬사와 격려를 받았다.[5]

신영복은 가난하지만 천진무구한 소년들과 어울려 즐거운 시간을 보내었다. 수도육군병원에서 담낭절제수술을 받고 입원하고 있을 때 아이들이 두 번이나 찾아왔으나 위병소에서 면회가 거절되어 그냥 돌아갔다는 얘기를 듣고는 내내 가슴 아파하였다. 소년들과의 모임이 계속되고 그중 한 아이만 중학교에 진학하고 다른 한 아이는 자전거포에 취직했다. 하여 모임도 마지막 토요일에서 그 아이가 쉬는 첫 번째 일요일로 바꾸었다. 하지만 1968년 신영복이 중앙정보부에 구속되면서 청구회의 모임은 끝나고 말았다.

> 1966년 이른 봄철 민들레 씨앗처럼 가벼운 마음으로 해후하였던 나와 이 꼬마들의 가난한 이야기는 나의 급작스런 구속으로 말미암아 더욱 쓸쓸한 이야기로 잊혀지고 말 것인지…[6]

신영복은 구속되어 참담한 봉변을 당하였다. 검사가 청구회 노래가사에 '주먹 쥐고'라는 것은 국가변란을 노리는 폭력과 파괴를 의미하고, 아이들이 월 10원씩 모은 것은 폭동자금, '청구회'는 통혁당 잡지 '청맥사'를 의식적으로 상징하고 이름 지었다는, 실로 어처구니없는 신문을 받아야 했다. 이때 아이들은 10세 전후의 소년들이다.

신영복은 어마어마한 죄목으로 구속되어 남한산성 육군교도소에 수감된 후 1심법원인 육군보통군법회의에서 사형선고를 받고 대법원에서 원심이 파기되기까지 사형수의 신분으로 있을 때 가장 먼저 「청구회 추억」이란 글을 썼고, 이것은 뒷날 출감하여 묶은 『감옥으로부터의 사색』에 실렸다.

육군사관학교 제자의 회상이다.

특히 '청구회'로 이름 붙여진 장충단공원의 여섯 아이 이야기는 안타깝고도 가슴 뭉클한 것이었는데, 지금 생각해보면 교수님의 이러한 진솔한 삶의 이야기들이 어쩌면 그 어떤 경제학 이론보다 더 많은 것을 우리에게 안겨주었는지도 모른다.[7]

4장

정체도
모른 채 엮인
통일혁명당사건

문화운동서클 새문화연구회 참여

신영복은 자신의 삶을 송두리 채 휩쓸어가는 거대한 쓰나미가 밀려오고 있는데도 아무런 낌새를 모르는 채 육군사관학교 강의와 각종 서클활동 그리고 주말이면 청구회 소년들과 만나는 기쁨으로 20대 중반을 분주하게 보내고 있었다.

이 무렵에 그가 참여했던 모임체가 하나 더 있었다. 새문화연구회라는 서클이었다. 서울상대 박희범 교수의 집에 들렀을 때 마침 원고 청탁차 방문한 『청맥靑脈』이란 잡지의 편집을 맡고 있던 김질락金瓆洛 등 편집진과 만났다. 이들은 새문화연구회라는 서클을 조직, 잡지를 내고 있었다. 신영복은 이들의 권유로 새문화연구회에 가입하고, 회원은 젊은 강사급 20~30여 명이었다. 이로 인해 1968년 이른바 통일혁명당 사건에 연루되어 혹독한 시련을 겪게 되었다. 신영복의 증언이다.

> 『청맥』지의 편집을 맡고 있던 김질락 선배를 통해서입니다. 박희범 교수 댁에서 원고 청탁차 방문한 『청맥』지의 편집진과 인사를 나눈 것이 최초의 인연이었다고 기억됩니다. 그리고 『청맥』지의 집필진pool인 새문화연구회에 참여하게 되었지요. 새문화연구회는 젊은 강사 2~30명 정도가 회원으로 참가하고 있었습니다.
>
> 저는 당시 학생 서클운동에 열심이었는데, 인원이 늘어나면서 기관지나 교재 편집이 필요하다고 느끼고 있었습니다. 그래서 『청맥』지의 편집에 관여하여, 그것을 서클의 교재로 이용할 수 있도록 했으면 좋겠다는 생각을 하게 되었습니다. 제가 『청맥』지에 글을 쓴 적은 없지만, 자연히 이 잡지의 내용의 방향에 대해서 김질락 선배와 논의를 많이 한 편입니다. 그 과정에서 법률적 용어로 말하자면 포섭당하게 된 셈이지요.[1]

『청맥』은 1964년 8월 1일 창간호를 시작으로 1967년 6월호로 종간될 때까지 통권 35호, 총 4만 5천 부(수사기관 발표)를 발행하였다. 발행 겸 편집인 김진환, 주간 김질락이었고 이념적 성향 관계없이 다양한 인사들이 글을 썼다. 창간호의 특집 "아아 이 민족 이 수난"에는 이현종, 김대상, 이천범, 이종린 등이 기고하고, 언론인 김성두·서동구의 글도 보인다. 국회의장 이효상과 공화당의 실력자

김용태 의원의 축하광고도 실렸다. 발행인 김진환의 창간사 한 대목이다.

해방 19년을 한결같이 줄곧 누벼온 정치가두의 화려한 무대와는 대조적으로 국민들은 가난과 허기에 시달려 완전히 지쳤고 19년 전 오늘 그 새파랗던 청년들의 혈기찬 얼굴엔 체념의 역사만이 주름을 빌려 흉하게 새겨져 있다. 그날의 그 의욕적이던 푸른 꿈과 환희는 언제나 현실이란 무딘 벽에 부딪쳐 산산조각이 나기 마련이었고 상호불용과 이율배반 속에서 타율적 작용마저 덧 붙힌 민족사는 겹겹의 창이瘡痍로 오욕점철되었다.

그러기에 4·19는 당연이라 했고 5·16을 부득이라 이름 지었다. 그러나 19년이란 오랜 세월동안 겨레의 한결같은 염원은 조국통일과 빈곤에서 탈피로 집약되었으나 완전 자주와 자립은 치자와 피치자 사이에선 그 어의와 가치판단에 현격한 차이가 있었음은 숨길 수 없는 사실이다.

『청맥』은 이러한 민족사적 제 과제해결에 긴결한 인소因素며 과정일 수밖에 없는 창조·투쟁·발전을 절규하며 유린된 사회정의를 바로 잡고 민족의 올바른 진로를 제고하며 불패의 정의 편에 서서 민족대의를 고창하고 주권국민의 긍지를 유지하며 대중과 더불어 호흡할 수 있는 생명력을 평이하게 다루어 겨레의 욕구를 발표하고 지표를 제시하는 중임을 맡아 보려 한다.[2]

신영복이 문화운동 서클인 새문화연구회 멤버들과 만나게 된 것은 우연이었다. 통일혁명당에 대한 정체를 전혀 알지 못하고 연구회에 참여하여 김질락 등 『청맥』 편집팀과 어울렸다. 멤버들은 모두 엘리트청년들이었다.

> 『청맥』이 젊은 지식인들에게 인기를 끌면서 『청맥』 사무실에는 젊은 전임강사나 시간강사들, 현역기자나 대학원생들이 자주 드나들게 되었고 어떤 때는 『청맥』 사무실이 마치 벌집을 쑤셔놓은 듯한 토론의 광장이 되기도 하였고, 바둑과 섯다의 오락장이 되기도 했다고 한다. 『청맥』을 통해 글을 발표하거나 발표하기를 원하는 청년지식인들이 서로 배짱이 맞고 의기가 투합하여 새문화연구회라는 학술단체를 만들기도 하였다. 김질락은 우선 고정필자의 풀pool로서 이 조직을 활용할 목적으로 이 조직에 관심을 갖게 되었다.[3]

사람의 일생은 운명과 우연과 의지가 각 3분의 1씩을 작용하여 만들어진다고 말한 철학자가 있었다. 신영복은 우연히 만난 사람들과 인연을 맺고 생애 중 3분의 1의 삶이 혹독한 시련을 겪게 되었다.

당시 23살의 신영복은 숙대에 강의를 나가고 있었는데 이진영은 신영복의 천재성과 의식의 진보성을 김질락에게 알려주고 그를 적극적으로 영입할 것을 제의하게 되었다. 신영복은 서울상대 출신으로서 4·19 당시 상과대학에서 선언문을 쓴 적도 있고 『대학신문』에 익명으로 수필 같은 것도 쓴 경력을 가지고 있는 젊은 학자였다. 김질락은 그와의 토론과정에서 한국 경제의 모순과 대미 예속성 등에 대해 의견을 같이하였다.

김질락은 "우리는 원수의 개념을 명확히 해야 합니다. 우리는 원수를 혼동하고 있습니다. 우리는 합법적 마르크스 경제주의로는 우리의 현실을 타개할 수 없습니다. (…) 미, 소의 세력균형을 이용하여 우리는 혁명을 할 수 있습니다. 지금 세계는 미, 소의 지배시대에서 벗어나 다원화된 시대로 이행해 나가고 있습니다. 우리는 우리의 손으로 조국을 통일할 수 있고 우리의 힘으로 독립을 쟁취할 수 있습니다. 우리는 가장 쉬운 데서부터 일을 시작하여 점차 어려운 투쟁으로 발전해 나가야 합니다. 나는 결코 인혁당 같은 전철을 밟지 않을 것입니다. 나는 나대로의 혁명의 방법론을 가지고 있습니다. 같이 일해봅시다."라고 하였다.

대충 이런 내용의 대화를 하면서 신영복을 조직의 성원으로 끌어들였다. 김질락의 이러한 발언은 경제학도인 신영복을 다분히 의식한 것이었으면서도 자신의 입장을 은연중 드러내주고 있는 것이었다.[4]

중앙정보부가 발표한 통혁당사건

당국의 발표에 따르면 『청맥』 주간을 맡고 있던 김질락은 1934년 경북 영천에서 태어나 서울문리대를 졸업하고 『경남매일신문』 논설위원을 거쳐 1964년 상경하여 작은 아버지 김종태의 권유로 김진환·이문규 등과 『청맥』을 발행하였다. 1965년 11월 초 김종태·이문규 등과 통일혁명당 창당을 결의하고 이의 발기인이 되었으며, 1966년 2월 후배인 이진영 등과 민족해방전선을 구성하였다.

신문사 논설위원을 지낸 그의 글은 퍽 논리적이고 명쾌하였다. 다음은 『청맥』에 쓴 「조국은 금치산자」라는 논설의 발문을 보면 "무력이나 사상의 대결만으로서 민족의 통일은 이루어지지 않는다. '민족은 하나'라는 주체의식이 새로운 힘으로 한 뭉치가 되지 않는 한 통일은 유엔의 연차적 유산流産일 수밖에 없다.[5]"라고 적혀 있어 강력한 민족주의적인 통일관이지 공산주의식 통일관은 찾기 어렵다. 또 다른 논설 「우리에게 내 나라를」의 결론 부분이다.

> 한국적 민족주의의 방향은 제일차적 단계로 정부와 국민이 한결같이 정치·경제·사회·문화의 모든 영역에서 '내 나라'적이 아닌 것을 모두 색출하여 점차적으로 이들을 제거해 나감으로써 비로소 내일에의 희망을 가질 수 있을 것이다. 우리에게 참된 '내 나라'를 가져다 주는 복음은 우리들의 가슴마다에 소용돌이치는 민족혼의 소생이다.[6]

역시 강력한 민족주의자의 모습이다. 이런 글을 썼던 김질락은 1967년 월북하여 평양에 약 20일간 머물면서 노동당에 입당하고 다시 남파되어 1968년 통일혁명당 사건으로 구속된 후 1972년 7월 사형되었다. 그는 옥중에서 『어느 지식인의 죽음』이란 옥중 수기를 남겼다.

중앙정보부는 1968년 8월 24일 이른바 '통일혁명당 사건'을 발표했다. 중정의 발표에 따르면 주동자는 김종태이고 김질락 등 서울대 문리대를 비롯 각 대학 출신의 혁신적 엘리트들로 모두 158명을 검거했다고 밝혔다. 김종태는 친형인 공화당 국회의원 김상도의 개인비서이고, 유력 대학 출신들이 다수 포함되었다는 발표에 국민의 충격이 컸다. 중정 발표에 대한 한 신문의 보도기사다.

중앙정보부는 24일 소위 70년대 무력적화통일을 위해 재남 지하당을 망라, 결정적 시기를 만들어 민중봉기와 국가전복을 꾀했던 가칭 '통일혁명당' 사건에 관련된 총 1백 58명을 타진, 그 전모를 발표하고 그중 1차로 73명(구속 50명)을 검찰에 송치했다고 밝혔다.

김형욱 중앙정보부장은 이 사건을 발표하면서 "북괴는 폭력전술에 의한 무력적화통일을 위해 게릴라전을 지원할 수 있는 기반 구축과 민중을 선동하여 봉기시킬 수 있는 지하당 조직에 혈안이 되어 고도로 지능화한 수법으로써 국내 각계각층에 손을 뻗치고 있다"고 경고하면서 가칭 통일혁명당간첩사건은 "건국 후 북괴의

지하당조직으로는 최대 규모의 사건이며 북괴는 이들의 보고를 과대망상적으로 과신, 평화통일을 무력통일로 전환했다고 분석할 수 있다"고 이번 사건의 성격을 설명했다.

이번 사건은 앞서 발표한 임자도사건과는 별개의 것이라고 말한 김 부장은 "북괴의 공작수법은 이번 사건에서 살펴보면 핵심조직인 지도부는 은폐해 놓고 지식인, 학생, 청년층을 포섭하여 학술연구를 가장한 9개의 위장단체를 조직하고 이것을 자연발생적인 것처럼 조작하여 용공적인 조직형태로 발전시켜 점차로 북괴의 적화통일노선에 규합시킴으로써 무장봉기에 이용하려는 것"이라고 분석, "소위 혁신의 탈을 쓴 용공사상의 배격과 배타적인 민족주의를 앞세우고 반국가적인 언동을 일삼으면서 불평불만을 선동하는 용공불순분자 색출에 가일층 분발하여 줄 것"을 요망했다.

모택동식 전법과 '베트콩'의 '게릴라' 전법에 동학란식 민중봉기전법을 수용, '민족해방전선' '조국해방전선'을 구성, 이를 기간으로 활동해온 '가칭통일혁명당간첩단'은 학사주점, 새문화연구회, 청년문학가협회, 불교청년회, 동학회, 청맥회, 민족주의연구회, 기독청년경제복지회, 경우회 등 9개의 '서클'을 갖고 있었다고 정보부는 발표했다.

이 간첩단은 재남고정간첩인 김종태를 두목으로 김질락(청맥사주간) 이문규(학사주점 대표)를 중심으로 서울문리대를 비롯, 각 대학출신 혁신적 엘리트로 구성돼 있었다.

이중 주모급들은 전후 4차례나 북괴를 왕래하면서 김일성을 만났고 북괴대남사업 총국장 허봉학(괴뢰군 대장)으로부터 지령과 미화 7만불, 한화 2천3백50만 원, 일화 50만 원의 공작금을 받아 왔으며 '통일혁명당'을 혁신정당으로 위장, 합법화하여 각계각층에 침투시켜 핵심분자를 통해 반정부(6·8부정선거규탄) 반미(미 험프리부통령 내한비난) 데모를 벌이게 하는 등 정치, 사회적 불안요소 비난을 빙자한 대정부공격과 반정부적 소요를 유발시키라는 지령을 받았다는 것이다.

이 지하간첩단의 주요 임무와 공작사항은 ① 민중봉기 ② 간첩의 무장집단 유격화, 무력투쟁에 있어서 수도권 장악을 위한 준비 ③북괴로부터 인수할 무기수령 양륙지점 정찰 및 특수전술 교관요원의 포섭, 월북 등 14개항에 달한다고 중앙정보부는 발표했다.

이 간첩단의 이제까지의 암약상은 청맥지를 기관지로 운영, 혁신적인 지식인과 학생층의 사상적화에 중점을 두는 한편, '선조적 후공격'의 전략으로 전남로당계 인물을 포섭, 정예조직으로 지하에 잠복시키고 9개 서클을 표면활동 시켜 각종 정보를 수집, 북괴에 제공했다는 것이다.

또 이문규 부부로 하여금 서울 명동과 광화문에 학사주점을 경영케 해서 청년학생을 선동하는 집합장소로 썼고 재일조총련 국내 지하조직인 가칭 남조선해방전선당과 접선, 여기서 막대한 공작금을 받아 조총련계인 동해상사와 비슷한 위장기업체 설립을 꾀했었다는 것이다.

　이미 구속된 자들 중에는 오는 9월 9일 소위 북괴 「9·9절(북괴 집단 20주년 기념일)」에 백두일白頭一이라는 가명으로 재차 월북하려 던 간첩 김종태와 전직 국회의원 김모, 문학평론가 임중빈, 그리 고 공무원, 교사, 문화인 등이 포함돼 있다.

　북괴는 이 대규모 지하간첩단을 계속 유지·강화하기 위해 지 난 20일 제주도 서귀포에 어선을 가장한 공작선에 무장공비 14명 을 특공대로 남파시켜 이문규와 접선시키려다 일망타진됐었다.[7]

통혁당 조직 모른 채 엮여

　박정희 정권 시절 김형욱 중앙정보부의 공안사건에는 날조·과 장이 많았다. 통혁당사건도 다르지 않았다. 중정이 발표한 통혁당 의 조직도표에 따르면 전위조직으로 조국해방전선과 민족해방전 선이란 두 기구가 있었다. 신영복이 속했다는 민족해방전선의 책임 자는 김질락이고 신영복과 이종영이 조직원으로 되어 있다. 그리고 산하에 새문화연구회와 별도의 서클로 청맥회·기독교청년복지회· 경우회·민족주의연구회·동학회·불교청년회·청년문학가협회가 있 는 것으로 도표화하였다. 또 새문화연구회 산하에는 역사분과위를 비롯 사회·정치·경제·법률·문화분과위가 설치되었다.

　신영복은 민족해방전선의 실체와 관련 정운영과의 대담에서 이렇게 말한다.

> 민족해방전선은 잘 아시다시피 당 수준보다는 낮은 강령과 규
> 약을 기초로 하여, 다양한 세력을 결집할 수 있는 소위 통일전선
> 체를 건설하기 위한 전위조직으로서 구성된 것입니다. 식민지반
> 봉건사회론에 근거한 전술이라고 할 수 있습니다. 당적 지도의 필
> 요성은 어떠한 상황이나 어떠한 단계에도 그 의의를 부정할 수 없
> 지만, 당시의 주체적 역량이나 객관적 조건에 비추어 볼 때 전선
> 체 이상의 조직 역량은 없었다고 생각되었습니다.[8]

통혁당사건은 실제로 김종태 등 직접 북쪽과 연계된 인물과 이
들에게 포섭되어 잡지를 발행한 김질락도 있었다. 그러나 상당수는
이들의 정체를 모르는 채 새문화연구회나 잡지 『청맥』 그리고 학사
주점 등에 관여했다가 거대한 간첩단사건으로 묶이게 되었다.
신영복은 통일혁명당의 북한과의 연계설이나 남한 내의 독자성
과 관련 이를 단호히 부정한다.

> 통일혁명당은 조선노동당과는 무관한 조직입니다. 이 점은 이
> 미 여러 논의에서 많이 언급된 문제입니다. 통혁당의 건설 논의
> 자체가 기본적으로는 남북간에 서로 다른 체제와 독자적인 정치·
> 경제적 토대가 구축되어 있다는 것을 전제하고 있습니다.
> 통일과 혁명을 서로 돕는 관계로 규정한다고 하더라도, 남과

북을 양당사자로 하는 통일문제는 민족이라는 하나의 카테고리 속에서 사고하지 않을 수는 없지만, 혁명의 문제는 기존의 정치·경제적 토대에 그야말로 토대를 두지 않을 수 없다는 점에서 그것은 수입되거나 수출될 수 없다고 믿습니다. 이러한 원칙이 견지되지 않은 면이 없지 않습니다만, 원칙문제에 대해서는 상당히 많은 논의를 하였고 합의도 했습니다.[9]

신영복은 28세이던 1968년 7월 25일(음력 7월 1일) 중앙정보부 요원들에게 체포되었다. 현역 육사교관이 간첩사건으로 구속이 되면서 언론에 각별한 조명을 받았고, 육사는 물론 사회적인 충격도 적지 않았다. 청구회 꼬마들의 놀라움은 누구 못지않았을 것이다. 신영복은 당일부터 서대문구치소에 수감되어 중정요원들로부터 혹독한 구타와 전기고문을 당한다.

통혁당사건의 일반인 피의자들은 이해 11월 22일 첫 공판이 열렸다.

통혁당의 '수괴'로 지목된 김종태는 간첩 김수상과 만나 임자도를 거쳐 배편으로 전후 네 차례에 걸쳐 북한을 왕래한 사실을 시인하였다. 그리고 북한에서 갖고 온 자금으로『청맥靑脈』지를 발간했다는 공소사실도 부인하지 않았다.

그러나 청맥사 사장 김진환은 김종태로부터 받은 돈으로『청맥』지를 통권 28호까지 발행한 사실은 시인하였으나, 김종태가 북의 지령을 받은 간첩이라는 사실은 전혀 몰랐다고 부인했다. 당시 『청맥』지나 학사주점은 지식인층이나 젊은 세대들 사이에 상당히 알려져 있었고 관심의 대상이었기 때문에 그것들이 북한의 자금과 연계되어 있다는 검찰의 공소사실에 당혹스러움을 금치 못했다.[10]

신영복은 중정이 통혁명의 최고간부라고 발표한 김종태나 이른바 조국해방전선의 이문규 등 핵심간부들을 한 번도 만난 적이 없었다. 그리고 통일혁명당이라는 당명도 중정에 잡혀 와서 처음들었다. 또 북한을 다녀온 것처럼 조서를 꾸미고 신문했지만, 육사교수로서 수업시간에 출강한 기록이 남아 있고, 주말이면 청구회 꼬마들과의 만남 그리고 일반대학 강의 기록도 모두 확인이 가능한 일이었다.

신영복이 대학과 대학원 시절에 참여했던 서클이 모두 조국해방전선의 산하 기구인 것처럼 도표화한 것은 중정이 부풀렸거나, 김질락이 평양에 가서 자신의 업적을 과시하느라고 허위기록한 내용일 것이었다.

정보기관은 정치적 필요에 의해서 그리고 자신들의 존재기반을 위해서 무고한 사람들까지 통혁당으로 엮어서 희생양으로 만들었다. 신영복도 희생양의 운명이 되어야 했다.

도스토예프스키처럼 사형에서 무기형

신영복은 이들과 같은 재판정에도 설 수 없었다. 그는 '현역장교' 신분이어서 군사재판에 회부되었기 때문이다. 해가 바뀐 1969년 1월 16일 1심 육군고등군법회에서 사형 구형에 사형을 선고받고, 1월 22일 남한산성 육군교도소로 이송되었다. 함께 구속된 '동지'들은 모두 민간인이어서 신영복은 혼자 군법정에서 재판을 받아야 했다.

1월 27일 열린 항소심에서도 사형이 구형되고 7월 23일 사형이 선고되었다. 11월 11일 대법원형사부는 원심이 관계법소를 잘못 적용했다는 이유로 파기환송하고, 파기환송심에서 군검찰은 죄목을 반국가단체 구성죄로 바꾸는 공소장 변경조치를 취하였다. 공소장에는 반국가단체 구성음모죄로 기소되었는데, 판결문에는 반국가단체 구성죄로 판결이 내려진 이유였다. 변론을 맡았던 강신옥 변호사가 이 부문을 지적한 것이 주효하였다. 재판부는 사형 대신 무기형을 선고했다. 그리고 5월 5일 대법원에서 무기징역 확정판결을 받았다.

1심사 2심에서 사형선고를 받은 신영복의 소회이다.

아쉽더군요. 20대로 인생이 끝나는가 하는 아쉬움이 절실해요. 더 많은 사람을 만나고, 더 많은 일을 할 수 있는 가능성이 있는데 포기해야 하는구나. 내가 한 일이 사형당할 만한 일이라고는 생각되지 않지만 같은 감방에 있던 사람들이 형장의 이슬로 하나 둘 사라져갈 때 죽는다는 문제가 가까이 다가왔죠. 그래서 필리핀의 독립운동가 호세 리잘처럼 죽자, 라고 체념을 하고 총살형 집행을 기다리고 있는데, 얼마 후 무기징역으로 감형이 되었어요.

이때의 무력감과 절망감을 어떻게 표현해야 할지, 끝이 보이지 않는 터널을 걸어가는 기분이었죠. 죽을 때까지 감옥에서 지내야 하다니. 그렇게 해서 비참하게 죽어간 사람도 보았으니까요. 이렇게 5년 정도를 고뇌하며 보냈어요. 내적 출혈과 외환의 고통을 겪으면서 복역 동료들간의 인간관계를 만들어가게 되었지요.[11]

신영복은 28세 때에 사형선고를 받았다. 러시아의 대문호 도스토예프스키는 27세에 사형선고를 받았다.

도스토예프스키는 '금요회' 서클에 가담하여 의견을 나누고 반체제적인 토론을 벌였다. 그 모임에서 『죽은 혼』을 쓴 고골이 그리스 정교도가 되어 황제가 지주의 편이 되었다는 페렌스키의 편지를 두 번 읽은 일이 있었다. 도스토예프스키는 1849년 3월 이 사건에 연좌되어 12월 사형선고를 받았다.

체포된 사람은 모두 21명이었다. 이들은 12월 22일 오전 9시, 영하 22도의 추위 속에 셔츠 바람으로 세묘노프 광장에 마련된 처형대 앞에 두 줄로 서 있었다. 가장 죄가 무거운 순으로 말뚝에 묶이고 머리에는 자루 같은 것이 씌워졌다. 그 앞에 법의法衣를 입은 승려가 나타났다. 그는 수인들을 사형대 앞으로 인도해 갔다. "받들어 총!" 하는 명령과 함께 북소리가 울렸다. 법무관이 나서서 페트라셰프스키를 비롯 도스토예프스키 등 15명에게 총살형에 처한다는 판결문을 낭독했다.

법무관은 도스토예프스키의 죄상을 낭독했다. "퇴역공병 중위 표도르 도스토예프스키(27세)는 범죄적 음모에 가담하여 희랍정교회 및 최고 권력에 대한 불손한 표현에 가득 찬 사신私信을 유포하고, 자가인쇄에 의해 반정부 문서를 유포하려 한 죄목에 비춰 총살형에 처한다."라고 선고했다. 그러나 처형 직전 황제의 특사로 무기형으로 감형되었다.

도스토예프스키는 후일 『백치』에서 이때의 심경을 어느 정치범의 얘기처럼 가탁假託하여 다음과 같이 쓰고 있다.

(…) 가까운 데 교회가 있었습니다. 금색 지붕인 가람伽藍의 꼭대기가 밝은 양광을 받고 눈부시게 빛나고 있었습니다. 그는 그 지붕과 그 지붕이 반사하는 빛을 집요하게 바라보고 있었습니다. 그 빛에서 눈을 뗄 수가 없었던 거죠. 그 빛이 자기의 새로운 본체이고 3분만 지나면 자기도 그 빛에 융합될 것이란 생각이 들었습니다…….

그러나 간단없이 떠오르는 상념, '만일 내가 죽지 않는다면 어떻게 될까, 만일 생명을 보전할 수 있게만 된다면 나는 무한한 시간을 느낄 수 있을 것인데', 이 생각처럼 무겁게 그를 억누르는 생

각은 없었다는 거죠[12]

러시아의 공병중위 도스토예프스키는 27세에 총살형 직전에 기적적으로 살아나고, 한국의 육군중위 신영복은 기적적으로 사형선고에서 무기형으로 감형되었다. 둘 다 서클에 가담하여 약간 활동한 것이 엄청난 반국가죄로 몰린 것이다.

신영복이 군사재판을 받던 1968년은 국가안보나 정치사회적으로 유난스러웠다. 1월 21일 무장공비 31명 청와대 습격사건, 이를 계기로 향토예비군 창설(4월 1일), 김종필을 박정희 후계자로 추대하려다 박정희로부터 철퇴를 받은 국민복지회사건 등이 잇따랐다. 그리고 8월에 통혁당사건이 발표되어 158명이 검거되고 50명이 구속되어 재판을 받았다. 이어서 1969년 3월 주문진에 무장공비가 출현하고 6월에는 울진·삼척에 무장공비가 나타났다. 이 무렵 전 공화당 의원 김규남을 비롯한 18명이 간첩혐의로 구속되었다.

정치적 책략가들이 무엇인가 꾸밀 만한 계기였다. 박정희는 때를 놓치지 않았다. 그동안 정치적으로 금기시되어 온 3선개헌을 들고 나온 것이다. "한 인간을 사형으로까지 몰고 간 사건이라면 아무리 폭압정권이라 하더라도 팩트fact는 있었을 것 아닌가?"란 질문에 대한 신영복의 답변이다.

일부 선배가 북을 다녀왔고, 또 임자도 간첩사건에 연루된 사람도 있었으니까요. 저는 그 하수인에 지나지 않았습니다. 그런데 당시 1·21사태, 미국 프에블로호 사건이 연속적으로 터지면서 냉전이 강화되었습니다. 반군부 학생운동 세력을 일망타진하기 위해 군부정권은 혈안이 되어 있었던 시대고, 정보부나 수사관들은 자신들의 혁혁한 전공을 내세우기 위해 허벅지에 뾰루지가 난 것을 피부암에 걸렸다는 식으로 혐의를 엉망으로 확대 날조하던 시대였습니다.[13]

박정희 정권은 '허벅지에 뾰루지 난 것을 피부암'으로 확대 과장하면서 통혁당사건 등을 3선개헌 공작을 위한 공안분위기 조성용으로 몰아갔다. 신영복을 비롯한 비판적 소장 지식인들이 희생양이 되었다.

신영복은 중정에서 형언하기 어려운 고문을 당하였다. 그런 과정을 거쳐 간첩 또는 종북주의자로 만들어졌다. 직접 그의 말을 들어보자.

1968년 여름이었을 겁니다. 중앙정보부(현 국정원) 본부가 있는 남산에서 알몸으로 벗기워져 지금까지의 저의 모든 생각과 행위가 삭막하고 현기증나는 암호문자와도 같은 법률언어로 번역되어 조서 용지 위에 기록될 때 저는 그 낯선 '외국어'에 한동안 멍청해져버렸습니다. 아, 광기란 이런 것이구나. 하는 시대적 절망감 때문에 무슨 생각을 하고, 어떤 대답을 하고, 어떻게 대처해야 할지를 몰랐어요.

물론 전기고문으로 육체는 만신창이가 되고, 당장 조금 망가진 육체를 쉴 수만 있다면 어떤 무엇도 달게 받겠다는 생각 뿐이었습니다. 내일 당장 사형선고를 받는 조서를 꾸민다고 해도 그냥 들어줄 수밖에 없는 본능적 절박감이 앞서는 순간이었습니다.

저는 저의 양심이 걸레처럼 천대당하는 모습을 보고도 분노할 줄도 모르고, 위기를 벗어날 지혜도 떠오르지 않았습니다.[14]

5장

기나긴
감옥살이
시작

남한산성 육군교도소에 갇혀서

　신영복은 1968년 7월 말 구속되어 처음에는 서대문구치소에 수감되었다. 1개월 후 필동(중정)의 지하영창을 거쳐 1969년 1월 남한산성 육군교도소로 옮겨 수감되었다. 그 과정에서 전기 고문을 비롯하여 각종 혹독한 고문을 당하고 몇 차례나 기절을 했다가 물세례를 받고 깨어났다.

　군교도소 특히 남한산성 육군교도소는 춥고 규율이 엄격하기로 알려진 곳이다. 여기서 '규율'이란 재소자들에게는 그만큼 옥살이가 극심하다는 뜻이 담긴다.

　그는 생리적으로 혁명가나 정치인의 기질과는 거리가 먼 심성을 타고 났다. 좋은 시절이었으면 문호나 큰 학자가 되었을 것이다. 문사나 학자는 사색하고 글을 쓰는 직인이다. 조선조 병자호란의 아픈 역사가 깃든 남한산성 인근의 군형무소에서 신영복은 연필 한 자루, 공책 한 권도 허용되지 않고 그리고 종교서적 외에는 읽을 책 한 권도 차입이 불가능한 유폐생활을 시작한다. 양심수들이 가장 견디기 어려운 옥고는 책을 못 읽고 글을 못 쓰게 하는 것이다.

교도소라는 전혀 생소한 공간에 처음으로 던져졌을 때의 기억은 지금도 선명하게 남아 있습니다. 제가 관련되었던 사건은 사건 관련자들이 많아서 30여 명이 같이 징역살이를 시작했어요. 많았던 만큼 징역살이에 대한 논란도 많았어요.

누구는 독방에 앉아서 책만 보다 나가겠다, 또 어떤 사람들은 그래도 일반 수형자들과 부대끼면서 배워야 한다. 그럴 필요 없다. 재소자들은 기본적으로 룸펜 프로레타리아이고 사회 변동기에 반동적이 된다. 전혀 배울 게 없다. 너는 룸펜 프로만 알고 '브나로드ᵥ narod'는 모르냐, 'Into People 인민 속으로'이 러시아 혁명에서 나온 거야 하는 논란이 없지 않았습니다.

제 경우는 무기징역이니까 독방에 앉아 있을 수가 없어요. 비록 그 사람들이 룸펜 프로라 하더라도 그 속에는 우리 시대의 아픔이나 민중적 현실이 있을 것이다. 그래서 공장으로 출역을 합니다.[1]

도스토예프스키는 죽음의 문턱을 넘어 4년여의 옥살이에 풀려나 시베리아로 추방되었다. 비록 병졸신분이었으나 책을 읽고 글을 쓸 수는 있었다. 뒷날 이때에 투르게네프의 『사냥꾼의 수기』를 감동적으로 읽었다고 회고한다. 조선왕조(순조)는 다산 정약용을 감옥 대신 지방으로 유배시켰다. 처음에는 경상도 장기로 귀양 보냈다가 강진으로 바꾸었다. 다산은 18년 동안 유배지에서 『경제유표』, 『목민심서』 등 수백 권의 책을 저술하고 후학들을 가르칠 만큼 자유가 허용되었다.

　일제로부터 충실하게 악습을 배워온 박정희 정권은 양심수들의 독서나 편지·집필활동을 철저히 금지시켰다. 한 달에 한 번 직계가족에 안부편지만, 그것도 봉함엽서만이 허가되었다. 그마저 용어 하나까지 검사했다. 중국 뤼순감옥에서 8년 옥살이를 한 단재 신채호에게 집필이 허용되었다면, 신영복에게 20년 동안 독서와 집필이 가능했으면, 어떤 글(책)이 나왔을까. 앞에서 이미 소개한 안토니오 그람시 말고도 사마천은 옥에 갇혔을 때부터 『사기』를 쓰기 시작하고, 볼테르는 왕실에 대한 담시를 썼다는 이유로 바스티유 감옥에 갇혀 『라 앙리아드』를 짓고, 존 번연은 왕군에 체포되어 베드 포드 군사형무소에서 『천로역정』을 썼다. 세르반테스도 왕실 감옥에 갇혀 『라반차의 돈키호테』를 쓰기 시작했으며, 마르코 폴로는 포로가 되어 『동방견문록』을 썼다. 오 헨리는 옥중에서 『점잖은 약탈자』 등을, 프랑수와 비용은 사형선고를 받고 감옥에서 『유언시』를, 오스카 와일드는 투옥되어 『옥중기』를, 리 헌트는 옥중에서 『시인의 축제』를, 자와할랄 네루는 감옥에서 『세계사 편력』을 썼다. 이외에도 '옥중명저'는 수없이 많다.

유독 일제와 한국의 군사독재자들은 양심수들의 집필활동을 막았다. 일제는 이토 히로부미를 처단한 안중근 의사가 사형선고를 받고 항소를 포기하는 대신 「동양평화론」을 쓰는 데 동의했다가 「서언」 부문을 보고 기절초풍하여 집필을 막고 사형집행을 서둘렀다. 안 의사의 글이 완성되었다면 동양평화는 물론 세계평화의 대헌장이 되고도 남을 것이다.

한국의 독재자들은 일제의 악습 중에서 못된 것만 골라 배웠다. 글(책)로서 시작된 문명사회에서 글을 읽지 못하고 쓰지 못하도록 막는 반문명적 처사를 서슴지 않았다. 이승만·박정희·전두환·노태우가 다르지 않았다.

하지만, 글을 쓰지 못하게 막는다고 하여 절필하면 진정한 지식인이랄 수 없다. 검열자들도 치밀하지만 수인囚人들의 지혜와 글 솜씨는 이들을 뛰어넘는다. 아무리 검열자들이 현미경으로 들여다봐도 용케 글을 밖으로 빼내거나 평범한 듯한 속에 비범한 의미를 담는다. 신영복의 '옥중서한'도 이에 속한다.

만해 한용운은 기미 3·1독립선언서에 서명하고 서대문형무소에 수감되어 혹독한 신문과 고문에 시달리면서 일인 검사의 취조를 받았다. 검사가 독립선언을 하게 된 이유를 거듭해서 캐묻자 「조선독립 이유서」를 써서 제출하고 또 한 부를 필사하여 면회 온 사람을 통해 때 묻은 자신의 속옷 속에 넣어 반출시켰다.

얼마 후 상하이 임시정부의 『독립신문』에 전문이 실려 독립운동가들에게 큰 희망과 용기를 주었다. 1987년 서울대생 박종철 열사

를 경찰이 물고문으로 죽인 내막을 감옥에서 양심수들이 먼저 알고
이 기록을 밖으로 빼내어 6월항쟁의 도화선이 되었다.

사형선고를 받고 쓴 글

신영복의 청춘은 기구했다. 당초 군인 쪽에는 별로 관심이나 소
양이 없었는데 어쩌다 육사교수가 되고 육군중위의 신분이 되었다.
그리고 사형수로 전락하여 육군교도소에 갇혔다.

신영복은 1969년 1월 16일 1심 육군고등군법회의에서 사형선고
를 받고 6일 후인 1월 22일 남한산성 육군교도소로 이송되었다. 29
세의 사형수는 뒷날 옥중서간집 『감옥으로부터의 사색』에 실려 수

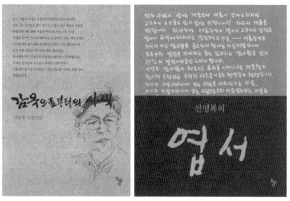

왼쪽은 『감옥으로부터의 사색』(1988) 개정판 표지(돌베개). 오른쪽은 『엽서』
(1993) 개정판 표지(돌베개). 『엽서』는 『감옥으로부터의 사색』 육필 원본을
영인한 책.

많은 바깥사람들에게 큰 감동을 주고 '우리시대의 고전'이 된 '첫 글'을 쓴다. 「나의 숨결로 나를 데우며」란 제목으로 실린 글이다. 하루에 두 장씩 지급되는 휴지에 쓴 것으로 수취인이 없는 '사색의 편린'이다. 제목은 석방된 후 책으로 엮을 때 저자가 새로 달았다. 첫 부문이다.

> 겨울의 싸늘한 냉기 속에서 나는 나의 숨결로 나를 데우며 봄을 기다린다. 천장과 벽에 얼음이 하얗게 성에져서, 내가 시선을 바꿀 때마다 반짝인다. 마치 천공天空의 성좌星座 같다. 다만 10와트 백열등 부근 반경 20센티미터의 달무리만 제외하고 온 방이 하얗게 얼어 있다.
>
> 1월 22일 3호실로 전방轉房되어 왔다.
>
> 방안 가득히 반짝이는 이 칼끝 같은 '빙광'氷光이 신비스럽다. 나는 이 하얀 성에가, 실은 내 입김 속의 수분이 결빙한 것이라 생각한다. 내가 내뿜는 입김 이외에는 얼어붙을 것이라고는 아무것도 없기 때문이다. 천공의 성좌 같은 벽 위의 빙광은 현재 내게 주어진 가장 큰 '세계'이다.
>
> 기온이 내려갈수록 이 빛은 더욱 날카롭게 서슬이 서는 듯하다. 나는 이 빙광이 날카로워지면서 파릇한 빛마저 내뿜는 때를 가장 좋아한다.[2]

신영복은 사형수여서 독방에 수감되었다. 그리고 감시가 철저했다. 특히 사상범의 경우 감시는 이중삼중으로 삼엄했다. 하지만 그는 사형수답지 않게 평상심을 잃지 않고, 육군교도소에서 쓴 글의 어디에도 죽음에 대한 두려움이나 감옥의 공포심 같은 것은 보이지 않는다. 오히려 "깊은 사유와 정갈하게 조탁된 언어"(김창남)를 구사하여 쓴 글에서는 달관한 듯한 모습까지 보인다.

11월 12일 「니토泥土 위에 쓰는 글」의 한 대목이다.

> 지금부터 걸어서 건너야 할 형극의 벌판 저쪽에는 애타게 기다리는 사람들의 얼굴이 등댓불처럼 명멸한다. 그렇다. 일어서서 걸어야 한다. 고달픈 다리를 끌고 석산빙하石山氷河라도 건너서 '눈물겨운 재회'로 향하는 이 출발점에서 강한 첫발을 딛어야 한다.
>
> 칠푼 판자의 마룻바닥에 싸늘하게 겨울이 깔리는데 나는 두 개의 복숭아뼈로 나의 체중을 지탱하면서 부처처럼 무념無念의 자세로 앉았다.[3]

젊은 사형수는 어떻게 이렇게 격조 높고 품격 있는 글을 쓰고 평상심을 갖게 되었을까. 사형선고를 받고도 '부처처럼 무념의 자세'로 앉을 수 있었던 당시(그 이후에도) 그는 어떤 종교도 갖고 있지 않았다. 그렇다면 무슨 힘일까? 한 구절을 더 들어본다.

> 세상의 벼랑 끝에 서서 이처럼 허황된 낙관을 갖는다는 것이 무슨 사고思考의 장난 같은 것이지만 생명을 지키는 일은 그만큼

강렬한 힘에 의하여 뒷받침되는 것이다. 개인의 생명이든 집단의 생명이든 스스로를 지키고 지탱하는 힘은 자신의 내부에, 여러 가지의 형태로, 곳곳에 있으며 때때로 나타나는 것이라고 믿는다.

나는 내가 지금부터 짊어지고 갈 슬픔의 무게가 얼마만한 것인지는 모르지만 그것을 감당해낼 힘이 나의 내부에, 그리고 나와 함께 있는 수많은 사람들 속에 풍부하게, 충분하게 묻혀 있다고 믿는다.[4]

신영복은 5년여 동안을 독방에서 살았다. 감옥 속의 독방은 그러나 그에게는 '외로운 공간'만은 아니었다.

독방은 강한 개인이 창조되는 영토이다. 방 하나 가득한 중압, 그 한복판에 정좌하여 호흡을 조성調聲하면 둥실 몸이 뜨는 무중력의 순간이 있다. 무중력 상태…. 이것은 10원짜리 만원버스에서도 쉽게 얻던 체험이지만 불시에 달려드는 비감도 부력을 받으면 흡사 월면보행月面步行처럼 희극적이다.[5]

그 역시 인간인 이상, 그것도 피가 뜨거운 청춘으로서 어찌 '불시에 달려드는 비감'이 없었을까. 하지만 그는 이런 원초적인 감정까지도 자제하면서 '면벽도사'가 아닌 '진리의 구도자'의 고행을 시작한다.

'전향서'에 서명한 사연

신영복은 무기형으로 형이 확정되면서 1970년 9월 안양교도소로 이감되었다. 여기서도 여전히 독방신세였다. 그리고 책을 읽거나 글을 쓰는 것이 제한되었다. 안양교도소에서 겪게 된 가장 충격적인 사건은 전향서에 서명한 일이 아니었을까 싶다.

그는 안양교도소에서 전향서에 도장을 찍었다. 신영복은 당시에는 전향 문제의 정치적 의미에 대해 심각하게 생각하지 않았다고 했다. 육군교도소에서는 전향 문제에 대한 권유도 없었고, 그런 고민을 하지도 않았다. 당시 안양에는 사상범이라고는 신영복한 사람뿐이었다. 전향 문제에 대해 이야기해줄 수 있는 선배도 없었다.

교도소 당국은 김종태·이문규·김질락을 비롯하여 다른 사람들도 이미 다 전향을 했다며 도장을 찍으라고 했고, 가족들도 통혁당사건의 다른 관련자들도 전향서에 날인하였다는 사실을 들어 강력히 권하였다. 그래서 인적사항을 적고, 북한 공산주의에 반대하고 대한민국을 위해서 살아가겠다는 간단한 내용으로 '전향의 변' 난을 메워 전향서를 작성했다.[6]

우리에게는 '전향轉向' 또는 '전향제'라는 아픈 역사가 있다. '전향'이란 용어는 원래 이슬람교로 개종한 기독교 신자를 의미했으나, 이것이 일본에 상륙하면서 "국가권력의 강제에 의해 발생한 개인의 사상포기"를 의미하게 되었다. 근대적 전향(제)의 본산지는 일본이다.

> 일본에서 전향 또는 전향문제란 좁은 의미에서는 국가권력의 강제에 의해 발생한 개인의 사상, 특히 공산주의사상의 포기를 의미한다. 구체적으로 1933년 사노 마나부와 나베야마 사다치카가 「전향성명서」를 발표한 이후 일반화된 용어다. 1930년 대 초반 국가권력은 '공산주의 실천운동'을 포기하는 것으로써 전향자로 인정했으나, 1937년 중일전쟁 이후 태평양전쟁으로의 확대라는 정치상황하에서 적극적으로 '일본주의사상=천황제(국체사상)'을 개인의 내면적 가치로서 받아들일 것을 강조했다. 이러한 행동을 구체적으로 표현하지 않는 자에 대해서는 완전한 전향자로서 인정하지 않고 예방구금법으로 계속 감시했다.[7]

전향제는 일제가 사회주의자(공산주의자)들을 천황주의자로 바꾸거나, 한국의 독립운동가들을 친일파로 변절시키기 위해 국가권력(폭력)을 동원하면서 시작되었다. 일제 패망 후 막상 생산국인 일본에서는 이 제도가 사라졌으나, 한국에서는 박정희·전두환·노태우 정권까지 연면히 계승되어 남파 장기수와 통일·민주화운동가들에게 적용되었다. 전향서에 대한 서명을 끝까지 거부하다가 고문으로 사망하거나 불구가 된 사람도 적지 않았다. 전향서 제도는 김대중 정부에서 폐지되었다.

신영복에게 전향서를 강제한 것은 국가폭력이었다. 그는 '전향대상자'가 아니었기 때문이다. 통혁당이나 북한 노동당에 가담한 적이 없었다.

통혁당은 그가 구속된 후에 결성되었다. 또한 신영복은 공산주의 이데올로기를 추종하지도 않았다. 그래서 그는 다소 가벼운 마음으로 전향서에 서명을 하였다. 부모를 비롯한 가족들의 애타는 마음도 작용했다. 그러다가 전향제 문제가 이슈화하면서 생각을 다시 하게 되었다.

전향문제에 대해 다시 생각하게 된 것은 대전교도소로 이감된 후였다. 당시는 박정희 정권의 강제전향공작이 본격화될 때였고 그곳에서 그는 비전향장기수들도 보게 된다. 그는 한 사람이 자기의 사상을 끝까지 견지하는 일의 중요성을 새삼 깨달으면서, 반성도 하고 고민도 하고 자기합리화도 했다.

그 중요성에 대해 굉장히 쉽고 편의적으로 생각하긴 했지만, 그 중요성을 일찍 깨달았다고 해도 자신은 결국 전향하지 않을 수 없었을 것이라는 점을 그는 부인하지 않았다. 그가 조직성원이었다면 좀더 심각하게 고민했을지도 모르나 그는 조선노동당원도 아니고 통혁당원도 아니었다.[8]

신영복의 감옥살이는 전향서 이후에도 달라진 것은 아무것도 없었다. 공장에 출역出役하여 노동을 하고 삼엄한 감시를 받았다. 그는 염색공장에 출역하여 '밥값'을 하였다. 기결수들에게는 감옥에서 일정한 노역을 시킨다.

글 못 읽고 못 쓰게 한 고역

신영복이 안양교도소에서 겪은 역시 가장 힘든 고역은 추위나 더위, 병고나 노역이 아니라 읽고 싶은 책을 못 읽게 하고 쓰고 싶은 글을 쓰지 못하도록 막는 처사였다. 한 달에 한 장씩의 봉함엽서에 안부편지만이 겨우 허용되었다.

행형법 제18조 제1항은 "수용자는 소장의 허가를 받아 타인과 ……서신을 수발할 수 있으며, 수용자의 서신 수발은 교화 또는 처우상 특히 부적당한 사유가 없는 한 이를 허가하여야 한다"고 규정하고 있다. 소장이 교부를 불허한 서신은 이를 폐기하며, 다만 폐기하는 것이 부적당하다고 인정될 경우에는 석방할 때 본인에게 교부할 수 있다 (행형법 제18조 제5항).

수용자가 발송하는 서신은 횟수를 제한받지 아니한다. 다만 소장이 특히 필요하다고 인정하는 경우 징역의 수용자에 대해서는 매월 2회, 금고·노역장 유치 또는 구류의 수용자에 대해서는 매월 3회로 제한할 수 있다 (시행령 제62조).

소장은 수용자가 수발하는 서신을 검열하며, 수용자가 발송하는 서신은 봉함을 하지 아니하고 교도소 측에 제출되어야 하고,

수용자가 수령할 서신은 교도소 측이 개봉한 후 검열하게 된다 (시행령 제62조).

행형법은 서신의 검열과 발송 및 교부는 신속하게 이루어져야 한다고 규정하고 있다 (행형법 제18조 제4항).

수용자가 발송하는 서신은 원칙적으로 일요일, 휴일 또는 토요일에 작성할 수 있으며, 집필은 집필실·거실 또는 공장 안의 지정된 장소에서 할 수 있다 (시행령 제65, 66조). 만약 수용자가 서신을 스스로 작성할 수 없을 때에는 그의 요구에 의하여 교도관이 대서할 수 있으며, 서신의 용지 및 우표요금을 자비로 부담할 수 없는 경우 교도소 측이 관급할 수 있다(시행령 제68, 69조).[9]

행형법은 재소자의 "교화 또는 처우상 특히 부적당한 사유로" 편지의 수발을 불허할 수 있다고 규정함으로써 교도소장이나 수형 관리자 측에 지나치게 재량권을 부여하여 사실상 통제하는 권한으로 남용되었다. 민주화의 진척과 더불어 다소 개선되었지만, 그야말로 군사독재 시절에는 '교도소장 맘대로'였다.

신영복은 이런 처지에서도 부모와 형제, 나중에는 결혼한 형수와 제수씨에게 '안부' 편지를 썼다. 그 편지들이 나중에 책으로 묶이면서 많은 사람들에게 감동을 주고, '신영복 산문'의 장르를 개척하였다. 소설가 조정래는 이렇게 말했다.

그이의 글의 마력과 매력은 뜨겁고 강하고 아픈 이야기를 낮고 조용하고 부드럽게 하는 데 있다. 그러면서도 뜨거움을 자각케 하고 정의로움을 일깨우며 부끄러움을 느끼게 하는 힘을 발휘한다. 그건 단순히 글재주에서 오는 것이 아니라 깊고 진솔한 사색의 열매여서일 것이다. 그이는 웅변과 글이 어떻게 다른지를 모범적으로 보여주는 동시에 인간이 인간답게 살아야 하는 삶과 길이 어떤 것인지를 우리 앞에 펼쳐 보인다.[10]

다음은 신영복이 안양교도소에서 동생에게 쓴 「객관적 달성보다 주관적 지향」이란 편지의 한 대목이다.

연말이, 새해가 다가왔다. 유장한 시간의 대하大河 위에 팻말을 박아 연월을 정분定分하는 것은 아마 그 표적 앞에서 스스로의 옷깃을 여미어 바로 하자는 하나의 작은 '약속'인지도 모른다. 그 약속의 유역을 향하여 너도 나도 걸음을 옮기고 있는 것이다. 새해에는 네게 새로운 진경進境이 열리리라 믿는다.[11]

신영복은 1970년 9월부터 1971년 2월까지 안양교도소의 독방에서 '면벽참선'과 노역에 끌려 다니면서 30대 초반의 무기수 살이를 계속한다. 그 사이 바깥세상은 크게 변하고 있었다. 야당과 대학생들의 반대 시위 속에서도 박정희는 '숙원'이던 3선개헌을 강행하여 개헌안을 국회에서 날치기로 단독처리하고(1969년 9월 14일), 국민투표에 회부하여 일방적인 찬성 홍보 끝에 통과시켰다.(같은 해 10월

17일) 이로써 그는 통혁당사건 등의 공안사건을 밑자락으로 깔고 장기집권의 터널 속으로 깊숙이 들어갔다.

신영복은 감옥생활을 일러 '대학시절'이라 불렀다. 러시아 작가 고리키의 작품 『나의 대학』을 읽고서였다. 정규대학을 못 다닌 고리키는 처참한 사회생활을 대학시절이라 호칭한다. 신영복은 그래서 출감 후 같이 징역 살았던 사람들을 만나면 서로 '동창생'이라고 부른다고 소개하면서, 안양교도소에서 겪었던 일을 회고한다.

> 저는 교도소에서 내내 요시찰 대상이었어요. 다른 재소자들에게 좋지 않은 영향을 줄 수 있는 사람으로 분류되어 있었기 때문입니다. 심지어는 대공분실에서 나와서 저를 두 번씩이나 조사했어요. 저는 열독閱讀 허가증이 붙어 있지 않거나 열독 기간이 지난 책은 한 권도 소지할 수 없는 형편이었어요. 수시로 징역 보따리를 조사하고 갔어요.[12]

한 시민이 신영복의 글을 읽고 쓴 소감이다.

> 사람이 꽃보다 아름답다 한다. 꽃의 빛깔과 향기가 아무리 고와도 순간이다. 순간을 향유하고 미래를 열어두고 가지만 시든 꽃은 쓸쓸하다. 꽃처럼 아름다운데 시들지 않는 것? 별이 아닐까. (…) 신영복 선생은 '별' 같다. 밤이지만 두려워 숨지 않고 오히려 빛을 낸다. 별은 꿈꾸는 사람의 친구다.[13]

6장

기약 없는
대전교도소의
시간

모스크바로 불린 대전교도소로 이감돼

신영복은 1971년 2월 대전교도소로 이감되었다. 그의 나이 31세 때이다. 여기서 장장 15년 동안 옥살이를 하게 된다. 정확히는 이 교도소가 1984년 4월에 대전시 대정동의 신축교도소로 이전할 때까지 13년 동안이다. 박정희 정권의 교도당국은 자신들이 원했던 '전향서'까지 받아 쥐고도 신영복을 사상범 집결교도소인 대전교도소에 수감하였다. 그는 수형인들 사이에 '모스크바'라 불리는 곳에서 전후 15년을 살았다.

사회의 안정과 질서를 유지한다는 목적으로 운영되는 수용소·교도소·정신병원 등의 시설은 표면적으로는 각각 복지·징벌·의료라는 기능을 수행하지만 그 속에는 정치적 의도가 숨어 있다. 이

시설들은 민주주의와 법치라는 전제를 위반하지 않는 선에서 사회를 통제하려는 국가 권력에 의해 고안된 장치로, 자발적으로 내면적인 규제를 강요해 개개인의 욕망을 억압해 왔다.[1]

감옥은 바깥사람들에게도 엄청난 공포감을 준다. 특히 대전의 사상범 수용 교도소는 더욱 그러했다. 정통성이 없는 권력이 국민을 위협하면서 정권을 유지하는 길은 비판자를 감옥에 넣고, 바깥사람들을 위협해서 떨게 하는 것이다.

신영복은 감옥에서 한때 자살을 생각하고 탈옥도 생각해봤다. 사형은 순간의 공포로 끝나겠지만, 무기수는 기약 없는 절망의 연속이다. 절망이야말로 죽음에 이르는 병이다. 그때마다 마음을 고쳐먹었다.

제가 무기징역 받고 추운 독방에 앉아 있을 때, 왜 자살하지 않나 생각하기도 했습니다. 심각하게 고민했죠. 많은 사람들이 자살을 하거든요. 자살하지 않은 이유는 두 가지였어요.

가장 큰 이유는 햇빛이었어요. 그때 있었던 방이 북서향인데, 하루 두 시간쯤 햇빛이 들어와요. 가장 햇빛이 클 때가 신문지 폈을 때 크기 정도구요. 햇빛을 무릎에 올려놓고 앉아 있을 때 정말 행복했어요. 내일 햇빛을 기다리느라 안 죽었어요.

살아 있다는 것 자체가, 비록 20년의 감옥 속 삶이었지만 결코 손해는 아니라고 생각했습니다. 태어나지 않은 것과 비교한다면

요. 그런 생각을 했던 것 같아요.[2]

신영복이 자살 대신 생을 택한 두 번째 이유다.

　또 한 가지 이유는 내가 자살하면 굉장히 슬퍼할 사람들이 있었어요. 부모, 형제, 친구…… 자기의 존재라는 것이 배타적 존재성이 아니라고 생각해요. 『어린왕자』를 보면 리비아 사막에 비행사가 불시착하잖아요. 살아날 가망이 없으니 모래톱을 파서 무덤을 준비합니다. 그 대목에서 작가가 독자들에게 질문을 던지죠. 너만 조난자인가. 너의 소식을 애타게 기다리는 가족들은 조난자가 아닌가.

　우리 삶이란 게, 존재성이란 그런 게 아닐까요. 저도 근대적 교육을 받았기에 사고방식도 근대적이었죠. 같은 무기수이면서도 다른 재소자를 일단 타자화했어요. 딱 거리를 두고 분석을 해요. 죄명, 형기, 출신, 학력 등 한마디로 대상화하는 거죠. 겉으로는 친절하지만요. 나중에 알았지만, 제가 5년간은 왕따였어요. 특별하게 따돌리진 않지만, 인간적인 관계를 만들지 못했던 시기였죠. 그 후 그 사람들의 많은 이야기를 듣게 되었습니다.[3]

신영복이 대전감옥으로 이감되어 쓴 여러 편의 편지 중에 1971년 10월 7일자로 아버지에게 보낸 「잎새보다 가지를」이란 글이다.

벌써 중추中秋. 저희 공장 앞에는 밤새 낙엽이 적잖게 쌓입니다. 낙엽을 쓸면 흔히 그 조락凋落의 애상에 젖는다고 합니다만, 저는 낙엽이 지고 난 가지마다에 드높은 가지들이 뻗었음을 잊지 않습니다. 아우성처럼 뻗어나간 그 수많은 가지들의 합창 속에서 저는 낙엽이 결코 애상의 대상이 될 수 없음을 알겠습니다.

잎새보다는 가지를, 조락보다는 성장을 보는 눈, 그러한 눈의 명징明澄이 귀한 것이라 믿고 있습니다.

가을에 읽을 책은 형님께 몇 권 부탁하였습니다. 가을이 독서의 계절이고 독서가 사색의 반려라면 가을과 독서와 사색은 하나로 통일되어 한 묶음의 볏단 같은 수확을 안겨줄 듯도 합니다.

오늘은 이만 각필하겠습니다.[4]

바깥에서 사는 보통사람들도 가을에 낙엽이 지고 앙상한 가지만 남게 되는 나목을 보면 감상에 젖거나 다소 애상에 빠지기 마련이다. 그럼에도 무기수는 "잎새보다는 가지를, 조락 보다는 성장을 보는 눈, 그러한 눈의 명징이 귀한 것"이라고 지적한다.

여러 평자들이 지적하듯이 신영복의 산문은 "현학적이지 않되 지혜를 잃지 않았으며, 과장되지 않되 사유의 깊이를 간직하고 있으며, 단아하고 짧되 관점을 잃지 않는 문장"[5]이다. 이런 산문을 쓸 수 있는 사람은 흔치 않았다. 법정 스님과 이해인 수녀의 산문도 많은 사람이 즐겨 읽었다.

정치격동기 감옥에서

신영복이 대전교도소에서 인고의 세월을 보내고 있을 때 한국사회는 요동치고 있었다. 평화통일을 주장하는 혁신계와 진보인사들을 억세게 탄압하던 박정희가 1970년 8월 느닷없이 '8·15선언'을 발표하면서 평화통일의 기반을 조성하겠다고 나섰다.

이해 11월 평화시장 노동자 전태일이 근로조건 개선 등을 요구하며 분신자살한 사건은 70년대 노동운동의 신호탄이면서 쿠데타 세력의 산업화정책에 대한 노동자들의 '인간다운 삶'을 요구하는 '인간선언'이었다. 이로부터 굴종적이고 체념적이었던 저층사회의 노동자들의 권리의식이 싹트고 한국사회 변혁운동 주체에 대한 과학적 인식을 촉발시켜 노학연대, 지식인의 노동현장 참여 등 사회운동의 새로운 지평을 열었다. 신영복이 학생시절과 사회에 나왔을 때 이루고자 했던 것이 바로 그런 꿈이었다.

1971년 4월 27일 실시한 제7대 대통령 선거에서 야당의 김대중 후보가 4대국보장론, 남북유엔 동시가입, 민방위 폐지, 대중경제론 등 혁신적인 정책과 이슈를 들고 나왔지만 박정희 정권의 관권부정과 천문학저적인 물량 공세를 이기지 못하였다. 폭력으로 집권한 권력을 선거를 통해 극복하기에는 한국사회의 역량이 아직 미치지 못하였다.

대선에서 크게 혼쭐이 난 박정희는 12월 6일 국가비상사태선언에 이어 야당의 반대 속에 국가보위법을 날치기로 통과시켰다. 대통령에게 비상대권을 부여하고 근로자의 단체교섭권과 단체행동권 등을 규제하는 악법이었다.

박정희는 1972년 7월 이후락 중앙정보부장을 극비밀리에 평양에 보내 7·4남북공동성명을 발표하여 금방 남북화해와 통일을 이룰 것처럼 하다가 3개월여 만인 10월 17일 군대를 동원하여 국회를 해산하고 10월 유신이라는 친위쿠데타를 일으켜 영구집권체제를 구축했다. 바깥 정세에 가장 민감한 곳이 감옥이다. 민주화의 진척과 함께 정치적인 봄이 오는 듯하면 교정당국은 물론 간수들도 친절하고 분위기가 따뜻하지만, 정세가 경직되거나 특히 계엄령이 선포되면 감시자들은 다시 염라대왕과 같은 모습으로 돌변한다. 그 연옥과 같은 교도소의 독방에서 신영복은 어떻게 살았을까?

20년 동안 독방에 있었던 기간을 다 합치니 5년쯤 되더군요. 그때 면벽명상面壁瞑想을 참 많이 했어요. 단전호흡을 하며 벽을 마주보고 앉아서 무념무상의 상태가 되어야 한다는데, 제 경우는 그게 잘 안 되었어요. 그래서 방법을 바꿔서 과거에 만났던 사람들이나 겪었던 사건들을 다시 반복하면서 추체험追體驗했어요. 명상으로 다시 한 번 그 사건들이나 사람들을 체험한 거죠. 그 과정이 제겐 굉장히 의미가 있었어요.

아주 사사롭다고 알고 있던 사건 속에서 해방 정국의 엄청난 정치적 성격이 들어 있었다는 걸 다시 발견하게 되었고, 잠깐 스쳤는데도 내속에 오래 남아 있는 사람이 있는가 하면, 오래 만났음에도 불구하고 별로 제 가슴과 기억 속에 남아 있지 않는 사람이 있다는 것도 알게 되었지요.

이를 통해 저는 결국 나 자신에게도 돌아왔어요. 진정한 자유란 다른 사람들과의 배타적인 정체성에서 오는 것이 아니라 내가 만난 모든 사람들이 내 속에 들어와 있고, 내가 겪은 모든 사건 또한 내 속에 들어와서 나를 만듦으로 동시대와 동시에 사람들과 얼마나 융화되느냐의 문제거든요. 저는 그게 진정한 자유로움이라고 생각합니다. 추체험이라는 반복이 그것을 가능하게 했다고 생각합니다.[6]

신영복은 면벽명상과 추체험을 거듭거듭 하면서 옥살이를 계속한다. 그 시기 감옥에서는 천부적인 '인간의 존엄'은 어디에서도 찾기 어려웠다. 인류의 문명화는 인간이 존엄성을 유지하면서 살아가는 진보의 과정일 터인데, 1970년대 한국사회는 감옥 안이나 바깥이나 야만이 판치기는 마찬가지였다.

이 무렵 신영복의 아버지는 사명당에 관한 책을 쓰고 있었다. 편지를 통해 이 사실을 알게 된 아들은 그 책의 제호題號를 써드렸으면 한다는 소망과 함께 원고를 한 번 읽었으면 하였다. 그리고 다음의 내용을 담았다. 글쓰기의 전범을 보여준다.

제가 가장 마음이 쓰이는 곳은 지금까지 말씀드린 제호의 서체나, 논리의 곡직曲直이나 표현상의 기교에 앞서 아버님의 소위 역사적 사실에 대한 인식방법의 문제입니다. 이곳의 좁은 지면으로서는 아예 논의하지 않음만 못할지 모르겠습니다만 아버님의 탈고 이전에 꼭 드리고 싶은 말씀은, 하나의 역사적 사실(인물의 경우도 포함하여)은 그것만을 따로 떼어 고립적으로 인식할 때 왜곡되지 않을 수 없다는 것입니다.

사실은 여하한 경우라 할지라도 반드시 ① 어떠한 계기에서 발생하였으며 ② 어떠한 양상으로 존재하다가 ③ 어떠한 방향으로 발전해갔는가 하는 역사적 관계 내에서 파악되어야 하는 동시에 또 그것을 당시의 사회구조, 당시의 가치 기준에 조응시켜 당시의 사회구조가 갖는 필연적 한계를 늘 그것의 인식기초로 삼아야 한다는 사실입니다.

물론 사명당에 대하여 거의 상식적인 견해마저 허술한 제가 무어라고 말씀드릴 수 있겠습니까만, 적어도 사명당의 우국적 면모나 종교적 근엄성 때문에 그의 사적 및 사회적 한계나 그 단소短所가 간과되는 일이 있어서는 안 되리라고 믿습니다.[7]

박정희·김형욱 횡사소식 듣고

가람 이병기는 1942년 조선어학회사건으로 피검되어 홍원경찰서를 거쳐 홍원감옥에서 옥고를 치렀다. 그때 쓴 시조에 「홍원저조洪原低調」가 있다. 항일운동가와 해방 후 양심수들이 일반적으로 느껐을 감회였을 것이다.

묵직한 철책문이 덜그덕 닫히는고나
도몰아 이는 시름 가슴이 메어지고
하룻밤 지내는 동안 적이 수壽를 덜었다

뜰에 나던 볕이 창으로 다시 든다
하루를 보내기 한 해도근 더디더니
어느덧 제 돌을 이어 또 가을이 되었다

눈 언덕 다 꺼지고 볼은 음푹 들어가고
뼈다귀 비어져 나무나 돌 같으되
맑고도 찰찰한 마음 전생前生 일도 그 헐레

그 밤을 자고 나면 도로 그날 그날이다
짜고 누르고 뼈마디 다 녹인다
전전에 없던 마음도 새로 지어 이르다.

가람의 시구대로 신영복이 "그 밤을 자고 나면 도로 그날 그날"
의 세월을 보내고 있을 적에 바깥세상에서는 큰 정변이 일어났다.
김재규 중앙정보부장이 박정희 대통령을 쏴 죽였다. 이에 앞서 각
종 공안사건을 조작하는 등 온갖 패악을 저질렀던 중정부장 김형욱

도 파리에서 납치되어 어디선가 암살되었다.

옥중에서 이 같은 소식을 들은 신영복은 '역사의 업보'를 생각하면서 시간의 엄중함을 거듭 새길 수 있었다. 하지만 짧은 '서울의 봄'은 다시 일진광풍에 짓밟히게 되고 그보다 더 험한 파시스트가 나타났다. 수인들의 일상에는 변함이 없었고, 또 다시 많은 새 수인들이 감옥으로 들어왔다. 하지만 자기를 무기수로 만든 자들의 횡사를 듣고도 한마디 소회를 적을 수 있는 펜과 종이가 그에게는 주어지지 않았다.

밖의 정변과는 상관없이 신영복은 대전교도소의 장기수로서 기약 없는 시간을 보내었다. 시간흐름의 느낌은 연령에 따라 크게 다르다고 한다. 연령뿐일까, 장소와 위치에 따라서도 많이 다를 터이다. 외국의 어느 시인은 "내가 어린아이였을 때 시간은 기었고, 내가 소년이었을 때 시간은 걸었고, 내가 어른이 되자 시간은 뛰었으니, 이제 노인이 되고 보니 시간은 날아간다."고 토로한 바 있다.

감옥의 수인들에게 시간은 여러 형태로 나타난다. 단기수나 유기수는 빨리 가기를 바라겠지만 무기수의 경우는 어떨까. A. 아우구스티누스는 「고백」에서 "원래 과거·현재·미래의 세 가지 시간이 있다고 하는 것은 타당치 못하다. 더욱 정확하게 말한다면 과거의 것의 현재, 현재의 것의 현재, 미래의 것의 현재라는 세 가지 시간이 있다고 보아야 한다. 그 이유는, 우리 정신에는 이 세 가지가 존재하여, 다른 어떤 곳에서도 나는 그것을 보지 못하는 때문이다. 과거의 것의 현재는 기억이며, 현재의 것의 현재는 직관이며, 미래의 것의 현재는 예기인 것이다."라고 말했다.

신영복은 '현재의 것의 현재'에 충실하기로 했다. 옥살이를 하는 동안 가정에서는 형과 동생이 차례로 결혼을 하여 새 식구가 늘었다. 그래서 아버지·어머니·형님·동생과 형수·제수씨에게 돌아가면서 편지를 썼다. 편지글에 보면 의식의 변화, 생각의 깊이가 달라짐을 살필 수 있다.

1983년 1월 13일 형수님에게 쓴 「세월의 흔적이 주는 의미」는 이런 내용도 담긴다.

> 사람은 나무와 달라서 나이를 더한다고 해서 그리 굵어지는 것이 아니며, 반대로 젊은이 신선함을 항상 보증해주는 것도 아닙니다. '노老'가 원숙이, '소少'가 청신함이 되고 안되고는 그 연월年月을 안받침하고 있는 체험과 사색의 갈무리 여하에 달려 있다고 믿습니다.
>
> 해마다 거리낌없이 가지를 뻗는 나무는 긴 가지 넓은 잎사귀를 키워 시원한 그늘을 만들고, 뻗다가 잘리고 뻗다가 잘리는 나무는 가지도 안으로 뻗고 안으로 세우는 '서슬푸른 속이파리' 새하얀 꽃의 탱자나무 울타리가 됩니다.
>
> (…)
>
> "얼음 시름 안 풀려도 강물은 흐르고", "동지 팥죽 안 먹어도 나이 한 살 더 먹네." 한 해를 보내고 한 해를 또 맞이할 때에는 세월의 흔적이 자기에게 과연 어떠한 의미를 갖는 것인가를 먼저 묻

고, 그것에 걸맞은 열매를 키워가야 하리라 믿습니다.[8]

수인들과 어울리면서 밑바닥 인생체험

신영복은 반체제 사상범으로 몰려 수인이 되고서도 막상 교도소 안에서는 수인들 사이에서 외톨이가 되었다. 옥중 초년시절에는 노역을 나가면서도 일반 수인들로부터 따돌림을 당하였다.

동정하는 마음을 가지면서도 자신들 신분과는 달리 지배층에 속한 사람으로 치부한 것이다. 얼굴과 손발, 말씨부터가 사회 밑바닥의 자신들과는 다르다고 인식했을 터였다.

한국의 감옥은 어쩌다 정치변동기에는 지배층 인사들이 들어왔다가 곧 나가고, 평소에는 사회저변층인들이 이런저런 사유로 또는 억울하게 몰려서 들어오는 특수한 곳이다. 그래서 이들은 부르주아들을 적대시하기 마련이다.

막상 맞닥뜨린 공장의 작업반대에서는 나를 받아주질 않았습니다. 받아주지 않는다는 것은 냉랭하다는 뜻입니다. 입학을 허가하지 않는 셈이지요. 지금 생각해 보면 약 5년 동안 제가 '관계'를 만들어 내지 못했어요. 사실은 5년 이상 걸렸는지도 몰라요. 세상의 밑바닥에서 모멸 당하면서 살아온 그 사람들에게는, 그 사람들의 분류 기준으로서는, 제가 비록 자기들에 대한 이해를 가지고 있다는 점을 인정한다 하더라도 기본적으로는 자기들을 억압하고 모멸하던 그런 부류에 속하는 사람으로 분류가 되어 있었어요. 좀처럼 곁을 주지 않았습니다. 그들에게는 당연한 인식이었고 내게는 매우 힘든 5년이었습니다.[9]

신영복은 대전감옥에서 옥살이를 하면서 새로운 모습을 보이게 된다. 사람들과 '관계'의 설정이었다.

이런 경우에 우리가 선택할 수 있는 방법은 의외로 간단한 것입니다. 여러분들이 교실에서, 책을 통해서, 수많은 이론과 논의를 통해서 간추린 지식이 현실의 벽에 부딪칠 때, 가장 먼저 할 수밖에 없는 것은 언어를 버리는 것입니다. 언어가 참으로 무력한 것이라는 것을 재빨리 깨닫는 일입니다.

언어는 현실적으로도 많은 경우에 오히려 진실을 감추는 기능을 하고 있다고 생각합니다. 자신을 위장하고, 변명하고, 은폐하는 역할을 하는 것입니다. 그래서 저는 현실의 벽 앞에서는 언어를 버리고 자신의 삶을 통해서 다른 사람들로부터 검증 받아야 한다는 각오를 하지 않을 수 없게 되었습니다.[10]

신영복이 긴 옥살이 중에서 가장 괴로웠던 일은 동병상련격인 일반 수인들로부터 배척당하는 때였을 것이다. 그는 일반 먹물들이 사용하는 '현란한 언어' 대신에 그들과 어울려서 그들이 쓰는 말을 쓰고 같이 일을 하면서 어울렸다. 출감 후 그의 소박한 언어구사나 소탈한 성품 등 '변방의식'은 이렇게 형성되었다.

그는 교도소에서 여러 유형의 사람들을 만났다. 이른바 숱한 잡범들로부터 이데올로기, 먹물, 서예가 등에 이르기까지 다양한 이들과 어울리고 더불어 살았다. 특수한 체험이고, 바깥 세상에 있었으면 결코 만날 수 없었던 인물들이었다.

'잡범'들과 합방, 생명사상 싹터

일제는 조선의 독립운동가들을 감옥에 가둘 때 사형수나 무기수의 경우 독방에 두지 않았다. 자살을 하는 경우가 적지 않았기 때문이다. 간도공산당사건으로 서대문형무소에서 긴 옥고를 치른 박익섭에 관한 일본 측의 기록이다.

> 당시 서대문형무소에는 간도공산당사건의 관계자가 다수 수용되어 있었는데, 사형을 선고받아 형집행이 확정된 사람이 22명이나 되었다. 그들은 전부 구치감에 수용되어 있었는데 박익섭도 그 가운데 한 사람이었다. 형무소에서 사형수는 독방에 두지 않고 3명 이상의 감방에 수용 했다. 혼자 두면 자살하지 않을까 하는 염려에서였다.
>
> 사실 보통 살인범들이 사형언도를 받고 독방에서 자살했던 전

례가 적지 않았다. 일반적을 사형수라고 하면 의기소침하여 식사도 잘하지 않고 침울해 있을 것으로 상상하는데, 박익섭의 생활에서는 전혀 그러한 어두운 인상이 느껴지지 않았다. 오히려 우리들보다 명랑할 정도였다. 그것은 "내 자신은 민족적 양심이 명령하는 대로 해야 할 것을 했다. 그래서 만족스러우며 뒷일은 천명에 따른다"는 느낌을 주었다.[11]

한국의 경우는 달랐다. 오히려 사형·무기수는 독방에 가뒀다. 무기수는 복역기간이 5년여 지나면 '합방'시키는 것이 관행처럼 되었다. 그래서 신영복도 독방 신세를 벗어날 수 있었다. 단기수의 경우는 독방이 좋겠지만 무기수나 10년 이상의 장기수에게 독방은 또 다른 형벌이다. 사람이 혼자서 벽이나 바라보면서 긴 세월을 지낸다는 것은 고도에 표류한 로빈슨 크루소와 다를 바 없다.

앞에서 잠깐 소개한 바 있는 독립운동가 박열은 일왕부자를 폭살시키려 준비하다가 국사범으로 몰려 무기형을 받고 22년을 거의 독방에서 살다시피 하다가 일제 패망으로 석방되었다.

옥중에서 나는 생각했다. 나는 생명이 있는 한, 매일 아침 냉수마찰을 하고 건강을 유지하려고 애썼다. 상식적으로 생각해서 나는 살아서 다시 사회인이 되리라고는 전혀 생각지도 않았다. 죽을 때까지 옥중에서 지내리라고 생각했다. 명확한 삶에의 희망도 그것을 이루기에는 너무도 곤란한 조건하에 있었다. 일본의 법률

이 그렇게 정하고 있었던 것이다.

그러나 나는 죽음을 바라지 않고, 또한 삶에도 집착하지 않고 주어진 시간 동안 살 각오를 하고 있었던 것이다. 생사의 한계를 초월하고 있었던 것이다. 삶과 죽음의 양 극단에서 빠져나와 있었던 것이다.[12]

제가 입학 초년이던 1960년대 말만 하더라도 교도소에서 함께 징역살이를 하는 사람들 중에 지리산 출신들이 있었어요. 뿐만 아니라 해방 전후 공간에서 직접 정치적 활동을 했거나 그 시절을 몸으로 경험한 사람들도 같이 살았고요. 저는 '모스크바'라고 불리는 대전교도소, 정치사상범이 제일 많은 대전교도소에 오래 있었기 때문에 참 많은 분들을 만날 수 있었습니다.

그분들은 제가 아직 젊기도 하고 이야기도 잘 알아들으니까 참 많은 이야기를 저한테 들려줬어요. 제가 출소할 당시에는 지리산 빨치산 관련 소설들이 많이 나왔어요. 제가 보기에 틀린 곳도 많이 보였어요. 뿐만 아니라 만주 팔로군에서 시작해서 어린 나팔수로 린뱌오林彪 부대를 따라 북경 상해 해방전쟁에도 참여하고, 관운장과 장비가 넘었던 산봉우리도 넘으면서 호남성까지 행군한 그런 사람들도 만났지요. 규슈九州탄광 이야기에서부터 한국전쟁 당시의 북한 실상이나 전후의 국영농장, 대남 공작에 이르기까지 직접 당사자들의 경험을 듣게 되었어요.

책으로 역사를 보는 대신에 당사자들의 삶을 통해 듣는다는

건 참 다르다는 생각이 들었어요. 역사적 사실에 피가 통하고 숨결이 살아나는 듯한 그런 느낌을 받았다고 할 수 있습니다. 역사의 복원과 생활, 그런 감동을 받았어요.[13]

'신영복 사상'의 모태는 이렇게 하여 싹이 트고 골조가 짜였다. 일반 학자나 정치인들처럼 강의실과 의사당이 아닌 감옥에서, 수년 동안 독방의 면벽명상과 고전과의 씨름 그리고 소외되고 버림받은 사람들, 여기에 역사 격변기에 특수한 체험을 가진 시대의 이단자들과 만나고 부딪히면서 형성되었다.

그의 봇물처럼 쏟아져 나온 산문이 쉬우면서도 내용이 깊고 알짬이 많은 것은 이와 같은 체험을 통한 용광로의 달굼이 있었기 때문이었다. 신영복의 생명사상 진짜 생명력이 숨 쉬는, 살아 있는 생활철학임을 보여준다.

노촌 이구영 만나 동양고전 탐사

인간이 사는 세상은 운명론이나 예정조화설 따위를 믿지 않더라도 가끔 생각지도 않은 행운이 따르기도 하고 액운이 겹치기도 한다. 이 같은 일은 감옥이라고 해서 피해가지 않는다. 짜여진 규칙대로 매일 되풀이 되는 감옥의 일상에서도 가끔은 '이변'이 생긴다.

신영복이 대전교도소에 갇혔을 때는 유신과 5공시대였다. 한국

현대사에서 가장 포악한 박정희와 전두환의 전성기였다. 따라서 이에 맞서다 투옥된 양심수들이 줄을 이었다. 6·25전쟁 이후 가장 많은 정치범이 '대량생산'되는 시기다.

박정희와 전두환은 자신들을 비판하는 민주인사·학생·노동자들을 국가보안법과 반공법으로 엮어 투옥시키고 그중에서 일부는 사상범으로 묶어 대전의 '사상범 수용소'로 보냈다. 신영복의 친구·제자·후배들도 들어왔다. 그래서 덜 외로웠다고 한다.

노역장이나 식사시간 또는 통방이나 몇 다리 건너서 입소한 지인들과 만나고 토막 대화라도 나눌 수 있었다. 더러는 같은 방에서 지내기도 하였다.

대전교도소에는 제법 많은 수의 친구, 후배들이 와 있었다. 이들 중 상당수는 징역살이가 자기 인생에서 마이너스가 되지 않도록 밤잠 줄여가며 열심히 공부를 하였다. 이들은 감방에 있는 사람들과 어울리거나 공장에 출역하는 것보다는 오로지 독서에 열중하려는 태도를 취했다. 교도소 재소자란 물론 우리 사회의 하층민이긴 하지만, 룸펜적 성격을 벗지 못한 사람들이기에 이들과의 접촉이 별로 의미가 없다는 생각이었다.

그러나 신영복은 이런 생각에 동의하지 않았다. 신영복이 보기에도 재소자 대부분이 룸펜적 성격이 강해서 사회변혁 의지라든가, 노동계급으로서의 건강한 자부심 같은 것은 찾아보기 힘들었지만, 그들도 역시 민중이었고, 그들의 삶을 통해 우리 사회의 억압구조를 충분히 읽어낼 수 있었다.

　신영복은 그들 한복판으로 들어가 그들과 맨살을 맞대는 접촉을 하면서 지식 청년으로서 자신이 가졌던 관념성에 대해 통절한 반성을 하게 된다.[14]

신영복은 대전교도소에서 무기수의 신분으로서는 좀처럼 상면하기 어려운 노촌 이구영李九榮을 만난 것이다. 이구영은 1920년 충북 제천에서 태어나 한학을 공부하고 1942년 독서회사건으로 1년 동안 옥고를 치르고, 해방 후 동양의학전문학교에서 강사를 지낸 분이다.

6·25전란 중이던 1950년 9월 북으로 넘어갔다가 1958년 7월에 남파되어 9월에 부산에서 검거되었다. 일제 때 그를 체포했던 형사가 알아보는 바람에 체포되어 무기수로서 대전교도소에서 복역 중에 어쩌다가 신영복과 같은 방의 동창생이 되었다. 이구영은 1980년 5월에 가석방으로 출소하여 '이문학회以文學會'를 설립하여 한문교육과 역사·동양고전을 가르쳤다.

이구영은 조선조 중기 4대 문장가 중의 한분인 월사 이정구의 후손으로 젊은 시절 한때 벽초 홍명희와 위당 정인보로부터 사사를 받는 등 고전과 역사에 남다른 학식을 갖고 있었다. 출감 후『호서의병사적』과 자서전『역사는 남북을 묻지 않는다』등의 저술과 중국 여행기인『연행만초燕行蔓草』등을 지었다.

신영복은 이구영과 대전교도소에서 4년여를 함께 지내면서 동양고전과 역사 등 폭넓은 학문을 배우고 토론하면서 '인생대학'을 충실하게 이수하였다.

재소자가 감방에서 소지할 수 있는 책은 세 권으로 제한되었다. 그것도 교도소 당국이 허가한 도서에 한정된다. 신영복의 왕성한 독서력으로는 세 권의 책은 하루 이틀거리에 불과했다. 그래서 오랫동안 읽을 수 있는 동양고전을 택하게 되고, 그동안 많이 읽고 탐구하였다. 그러던 중에 이구영을 감방에서 만나게 된 것이다.

노촌 선생님으로부터 내가 배우고 깨달은 것이 동양고전에 국한된 것이 아님은 물론입니다. 생각하면 노촌 선생님과 한방에서 지낼 수 있었던 것은 바깥에 있었더라면 도저히 얻을 수 없는 행운이었다고 할 수 있지요. 노촌 선생님의 삶은 어쩌면 우리의 현대사를 압축적으로 보여주는 삶이라고 할 수 있습니다. 이를테면 조선 봉건 사회, 일제 식민지 사회, 북한 사회주의 사회, 20여 년의 감옥 사회 그리고 1980년대 이후의 자본주의 사회를 두루 살아오신 분입니다.

한 개인의 삶에 그 시대의 양이 얼마만큼 들어가 있는가 하는 것이 그 삶의 정직성을 판별하는 기준이라고 한다면 노촌 선생님은 참으로 정직한 삶을 사신 분이라 할 수 있습니다. 노촌 선생님의 삶은 어느 것 하나 당대의 절절한 애환이 깃들어 있지 않은 것이 없지만 그중의 한 가지를 예로 들자면 노촌 선생님을 검거한 형사가 일제 때 노촌 선생님을 검거했던 바로 그 형사였다는 사실이지요.

참으로 역설적인 일이 아닐 수 없습니다. 친일파들이 오히려 반민특위를 역습하여 해체시켰던 해방 정국의 실상을 이보다 더 선명하게 보여주는 예도 없지요.[15]

신영복과 이구영의 인연은 오랫동안 이어졌다. 이구영이 신영복보다 먼저 출소하여 자신의 일대기인 『역사는 남북을 묻지 않는다』를 간행할 때 발문을 쓰고, 가끔 '이문학회'에도 나가 청강하거나 강의를 하기도 하였다.

'발문'에서는 4년을 한 방에서 지낼 때 보니 이구영이 국어사전을 갖고 있었는데, 290쪽에 바늘을 숨겨 두고 있었다. 그 까닭을 물으니 '290'이 바로 '이구영'이라는 비화를 소개하였다.

이렇게 신영복의 고전연구가 시작되어 출소 후 성공회대학에서 한국사상사와 '동양고전강독'을 오랫동안 강의하고, 이를 다듬어서 『강의』와 『담론』으로 묶어 출간하였다. 그의 많은 글 중에 산문과 함께 고전 강독은 이념적 성향을 뛰어넘어 폭 넓은 독자층을 형성할 만큼 시민들의 공감을 받았다.

옥중에서 서도書道로 일가 이루고

'행운'은 이어졌다. 한학의 대가를 만나 동양고전의 탐사에 옥고의 아픔을 씻고 있을 즈음, 감옥에 서도반이 생기면서 만당 성주표와 정향 조병호 선생을 만나게 되고, 이들로부터 체계적인 서도의 지도를 받을 수 있었다. 물론 두 분은 재소자가 아니었다.

신영복은 어릴 적부터 붓글씨를 배웠다. 초등학교에 입학하기 전부터 할아버지의 훈도를 받으면서 솜씨를 보였다. 대학 시절에는 학교 게시판의 공고문을 비롯하여 각종 행사의 글씨는 도맡다시피 쓰고, 서울대학교 상과대학 부설 한국경제연구소의 목각현판을 쓸 만큼 주위의 인정을 받는 실력을 가졌다. 그러나 본격적인 습작은 대전교도소에서였다.

> 내가 서도書道에 상당히 많은 시간을 쏟게 되는 것은 역시 20여 년의 옥중 생활에서이다. 재소자 준수 사항, 동상 예방 수칙 등의 공장 부착물들을 붓글씨로 써 붙이는 일이 계기가 되어 교도소 내에 불교방·기독교방·가톨릭방 등에 추가하여 동양화방·서도방이 신설되면서 상당한 시간을 기울일 수 있게 되었다. 온종일 글씨를 썼던 기간도 7~8년은 되었다.[16]

대전교도소에 서도반이 생기면서 신영복은 여기에 뽑혀 소내의 각종 글씨를 썼다. 그때 해서楷書와 행서行書, 대자大字 현판 글씨로 유명한 만당 성주표 선생과, 정향 조병호 선생을 교도소 당국이 모셔와 서도를 지도하도록 하였다.

교도소 당국이 정향 선생님을 교도소로 모셔 와 우리들의 글씨를 선생님께 보여드린 것이 인연이 되었다. 교도소에는 일반 사범들만 있는 줄로 알았던 선생님으로서는 이들이 사상범임을 알게 되고 상당한 충격을 받은 것으로 안다. 그 후 선생님은 우리를 귀양 온 사람들로 여기셨다.

평양감사를 조부로 두셨던 선생님으로서는 당연한 생각이었다고 할 수 있다. 교도소 당국이 선생님을 모셔 오기에 그렇게 적극적이지 않을 때에도 매주 하루를 할애하여 우리들을 지도하셨다.[17]

정향은 신영복을 각별히 아꼈다. 그의 인물됨을 알아 본 것이다. 진정한 스승은 제자를 알아내는 '감식안'을 갖는다고 한다.

특히 나는 선생님으로부터 과분한 애정과 엄한 지도를 받았다. 언젠가 교도소 당국이 독지가에게 사례할 넉 자 현판 글씨를 내가 쓰게 되었는데 나로서는 그 글씨를 표구하여 보내기 전에 정향 선생님의 재가를 받지 않을 수 없었다. 한 주일 동안 습자하여 선생님께 보여드리면 아무 말 없이 그 글씨 위에다 교정을 해 버리시는 것이었다. 그렇게 하기를 무려 일곱 번, 그러니까 약 2개월을 넉 자만 쓴 셈이 되었다.[18]

신영복은 예상할 수 없는 장소에서, 예상하기 어려운 스승들을 만나 한학과 서예를 익혔다. 일제식민지배를 받게 되면서 한국의 전통적인 선비는 단절되다시피 하고, 선비의 필수 과목인 시·서·화와 문·사·철을 갖춘 선비상이 사라졌다. 신영복은 일제가 끊어버린 조선의 선비상을 감옥에서 하나하나 갖춰나갔다. 그리고 자신의 독특한 서도書道를 개척한다.

> 많지는 않지만 나는 가능하면 우리 시대의 고민을 함께 나누는 글들을 쓰고 민중의 역량과 정서를 형상화하고자 하였다. 그러나 그 내용은 물론 그 형식에 있어서도 아직 답보를 거듭하고 있을 뿐이다. 특히 형식 문제에 있어서의 고민은 그것이 내용과 조화되어야 한다는 일차적 과제 이외에 보는 사람들이 친근감을 느낄 수 있어야 된다는 나의 생각 때문에 한층 더 어려움을 겪고 있다. 사람들로부터 경탄을 자아냄으로써 멀어지기보다는 친근감과 자신감을 함께 느낄 수 있도록 함으로써 가까이 다가가서 민중적 역량에 대한 믿음을 확인하고 공감할 수 있기를 원하기 때문이다.[19]

신영복의 서체를 가장 먼저(?) 알아본 이는 미술사가 유홍준이다. 그는 신영복의 출소 이후 처음으로 책이 출간되고 글씨 전시회가 세실레스토랑에서 열렸을 때 '초대받지 못한 객'으로 참석했다고 한다. 그리고 "그의 글만큼이나 맑고 오롯한 기품의 글씨"를 맘껏 즐겼다.

당대의 문장가이자 미술·서예 평론가였던 유홍준이 신영복의 서체에 대한 평이다.

신영복 선생의 글씨체를 어떤 사람은 '연대체'라고 불렀다. 〈여럿이 함께〉에서 보여주는 바와 같이 어깨동무를 하고 있는 것이 모두가 뜻을 같이하여 동지애로 연대감을 북돋는 듯한 모습이라고 한다. 참으로 재미있는 표현이다.

신영복 선생이 한글서체에서 남다른 모습을 보여주었던 중요한 계기는 바로 그 '연대의식'이었는지도 모른다. 이제까지 신영복 선생이 쓴 서예작품을 보면 그 내용이 한결같이 진보적이고 리얼리즘적이며 삶과 역사에 대한 은은한 인식을 담고 있다.

단 한번도 그는 가벼운 감성으로 흐른 일이 없다. 도덕적인 것, 교훈적인 것, 정치구호적인 것을 피하고 〈녹두씨을〉〈흙내〉〈처음처럼〉 같은 간명하지만 폭넓은 이미지가 담긴 글귀를 찾아내어 그의 특유한 필치와 구성법으로 부기附記를 달고 관서款署를 매긴다.

원론적인 얘기지만 "모든 예술작품은 내용이 그 형식을 규정한다."[20]

'밑바닥'에서 성찰과 절제의 생활

신영복이 대전교도소에서 고전연구와 서도에 열정을 바치고 있었다고 해도 그는 여전히 무기수 수인의 신분으로서 달라진 것은 거의 없었다. 그동안 5년 이상의 세월이 지났으나 무기수에게 연령이 늘어난 것 말고 세월의 흐름은 달리 의미를 찾기 어려운 자연현상에 속한다.

신영복은 1983년 11월 22일자로 형수에게 쓴 편지에서 "하루의 징역을 끝내고 곤히 잠들어 고르게 숨쉬는 가슴 위에 사천왕보다 험상궂은 얼굴로 눈떠 있는 짐승들을 바라보고 있노라면 차라리 한 마리의 짐승을 배워야 하는 그 혹독한 처지가 가슴을 저미는 아픔이 되어 가득히 차오릅니다."[21]라고 토로했다.

감옥이 아무리 의식주가 해결되는 곳이라 해도 사람들은 이를 기피한다. 자유가 속박되기 때문이다. 사마천은 「임안任安에게 보내는 글」에서 "지면에 옥獄을 그려 놓아도 사람들은 그것을 피하고 나무를 깎아 형리刑吏를 만들어도 사람은 그것과 대면하기를 싫어한다."라고 하였다. 자신도 그곳을 겪었기 때문이다.

감옥은 세상의 밑바닥이다. 신영복은 세상의 밑바닥에서 청춘과 중년을 보내었다. 사람을 살상하거나 남의 재물을 훔치는 등 민·형사범의 처벌은 인과응보에 속하겠지만, 유신·5공시대 양심수들의 경우는 엉뚱하게 엮이거나 희생양이 된 사례가 적지 않았다. 그래서 유독 억울함과 아픔이 따랐다. 신영복이 그리는 '밑바닥'에 대한 인식이다.

한 가지 분명한 것이 있다면 그것은 교도소가 '밑바닥'이라는 사실입니다. 어떤 사회의 밑바닥, 어떤 시대, 어떤 역사, 어떤 인간의 밑바닥이라는 사실만은 분명합니다. 이처럼 낮고 어두운 밑바닥에서 살아가기 위해서는 여기에 걸맞는 '철학'을 정립하지 않으면 안 된다고 믿습니다. 이것은 비단 징역살이에 한한 문제만은 아니라 생각됩니다만 특히 징역살이에는 무엇보다 먼저 자기 자신을 가장 낮은 밑바닥에 세우는 냉정한 시선과 용기가 요구됩니다.

이러한 시선과 자신에 대한 용기만이 자기가 선 자리를 사회의 모순구조 속에서 위치규정할 수 있게끔 대자적對自的 인식을 정립해주는 동시에 징역 세월동안 무엇을 배우고 무엇에 물들지 말아야 하는가를 가릴 수 있게끔 해주리라 생각합니다. 이러한 자세는 곧 막힌 벽으로부터 시선을 들어 올려 하늘을 바라보게 하는 것이라 믿습니다.[22]

사이고 다카모리는 일본의 대표적인 정한론자이다. 해서 인용하기가 좀 그렇지만, 함석헌 선생이 번역하고 인용한 내용을 소개한다.

옥 속에 쓰고 신맛 겪으니 뜻은 비로소 굳어진다
사내가 옥같이 부서질지언정 기왓장처럼 옹글기 바라겠나
우리 집 지켜오는 법 너희는 아느냐 모르느냐
자손 위해 좋은 논밭 사줄 줄 모른다고 하여라.

丈夫玉誶 怪甎全

我家遺法 人知否

不用子孫 買美田

　예로부터 감옥은 강한 자는 더욱 강하게 만들고 약한 자는 더욱 약하게 만든다고 하였다. 신영복은 밑바닥 생활에서도 강건한 모습을 유지하였다. 장기수로서의 체관諦觀이나 현실 안주가 아닌 성찰과 절제의 철학을 체화한 것이다.

　신영복은 대전감옥에서 정기적으로 부모님과 형수, 계수씨에게 편지를 보내었다. 형과 동생에게 편지 횟수가 상대적으로 적은 것은, 사회활동을 하는 형제에게는 '사상범'의 편지가 엉뚱하게 엮여 누가 될지 모른다는 배려였다.

　실제로 신영복의 가족은 정보기관으로부터 수시로 감시를 받고 본인도 옥방이 몇 차례나 수색을 당하였다. 열 살 안팎의 청구회 꼬마들과 어울린 것을 두고 박정희 검찰이 '내란예비음모'로 몰았던 것을 알기 때문에, 언행은 물론 소지품에도 각별히 신경을 썼지만 출역을 나간 사이에 정보기관원이 사물을 뒤지고, 몇 번인가는 정보기관에 불려가기도 하였다.

냇물아 흘러흘러 어디로 가니

　신영복은 1983년 가을에 대전의 신축 교도소로 이감되었다.

1919년 조선총독부가 지었던 감옥이 낡아서 현대식으로 신축 이전한 것이다. 신영복과 수인들은 신축 교도소의 마무리 작업에 동원되었다. 제초작업 등을 위해 출역한 것이다. 중국의 혁명적 작가 루쉰은 어떤 글에서 "가장 비참한 노역은 자신이 묶일 쇠줄을 만드는 노예의 작업"이라고 지적한 바 있다.

> 나는 그날 이곳의 흙 한 줌을 가지고 가서 새 교도소의 땅에 묻었습니다. 수많은 사람들의 피땀으로 얼룩진 흙 한 줌을 떼어들자 역사의 한 조각을 손에 든 양 천근의 무게가 잠자는 나의 팔을 타고 뛰어들어 심장의 전율을 맥박칩니다. 나는 이 살아서 숨 쉬는 흙 한 줌을 나의 가슴에 묻듯이 새 교도소의 땅에 묻고 돌아왔습니다.[23]

일제강점기 독립운동가 중에는 고국을 떠나면서 고토故土 한 줌씩을 품에 안고 출발했다고 한다. 신영복의 심경도 다르지 않았을 터이다. 극한상황이라 할 감옥에서 짧은 봉함엽서에 이 같은 내용을 담을 수 있는 사람은 흔치 않을 것이다. 한 평자의 분석이다.

> 이 절제된 글들 속에서 어쩔 수 없이 드러나는 아픔과 안타까움, 증오 받아 마땅한 것에 대한 증오, 먼저 죽어간 사람들과의 끊을 수 없는 연대감 등은 그가 한갓 감옥의 철학자가 아니라 본디 '혁명가'였다는 사실을 새삼 일깨워준다. 혁명가란 아파하는 사

람, 증오 없이 사랑 없는 사람, 역사의 질긴 부채를 떠안은 사람이라는 점에서 그렇다. 그리고 거기에는 또 분노와 연민이라는 덕목이 있다.[24]

신영복은 교도소 안에 있는 노역장에 나가 매일 신발 만드는 일을 하였다. 여러 해 동안 이 일을 하다 보니 전문가 수준의 기술을 익혔다. 하루에 10여 족足의 갑피甲皮를 만들었다.

> 그동안 바른손 중지中指의 펜에 눌려 생긴 굳은살이 사라지고 이제는 구두칼을 쓰느라 엄지 끝에 제법 단단한 못 자리가 잡혀 가고 있습니다. 이것은 일견 손가락 끝의 작은 변화에 불과하지만 이것이 갖는 의미는 매우 크고 흐뭇한 것이 아닐 수 없습니다.[25]

감옥도 사람이 사는 곳이고 사람들이 모이면 여러 가지 행사가 이루어지는 것은 일반 사회와 다르지 않다. 비좁은 감방에서 수년 또는 수개월을 함께 지내다가 만기가 되어 출소하는 날이면 송별식을 갖는다.

재소자들이 출소자를 위하여 추렴으로 소내 매장에서 오복건빵과 마가린을 구입하여 마가린에 건빵을 찍어먹으며 노래 한 곡씩을 돌아가면서 불렀다. 일종의 이별가인 셈이다. 교도소 당국은 이런 정도의 행사는 눈감아 줬다.

독립운동가 출신으로 박정희 독재와 치열하게 싸우다가 1975년

8월 등산길에서 의문사를 당한 장준하 선생은 "통일이 되기 전에는 결코 노래를 부르지 않겠다."는 신념을 지녔다. 신영복은 원래 노래를 잘 부를 줄 모르고, 청춘에 무기수가 되면서 노래를 부를 처지가 아니었다. 그런데 옥살이가 길어지면서 출소자 환송연이 잦아지고 가끔은 노래를 부르지 않을 수 없었다. '동창생'들의 권유를 뿌리치기 어려웠다. 그래서 부르기 시작한 것이 그 '유명한' 〈시냇물〉이란 동요이다.

> 냇물아 흘러흘러 어디로 가니
> 강물 따라 가고 싶어 강으로 간다
> 강물아 흘러흘러 어디로 가니
> 넓은 세상 보고 싶어 바다로 간다.

이 〈시냇물〉은 동요인 데다 짧기도 하여 노래로 쳐 주지 않는 사람도 없지 않았다. 그런 속에서도 20년 동안 출소자 송별식에서 부른 노래는 언제나 〈시냇물〉이었다. 이 노래를 부르면 시냇물에서 강물로, 강물에서 다시 바다로 나아가면서 우리의 마음이 차츰 숙연해지는 경우가 많았다. "넓은 세상 보고 싶어 바다로 간다"는 대목에 이르면 다 같이 바깥세상을 생각하는 눈빛이 되었다.[26]

신영복의 글은 용어 하나 어휘 한마디에도 고도의 절제와 절차탁마切磋琢磨의 정신이 깃들고 노랫말의 선택에도 각별함이 담긴다.

우리가 어릴 적에 무심결에 따라 불렀던 〈시냇물〉의 노래도 신영복의 입을 통해 나오면 결이 바뀐다.

신영복은 출소 뒤에도 이 노래로 '음치'를 간신히 면할 수 있었다.

> 출소한 뒤에도 나는 어쩔 수 없이 노래를 해야 하는 경우에는 이 노래를 불렀다. 물론 남 앞에서 부를 만큼 자신 있는 노래가 없기도 했지만 20년 동안 노래가 없는 세월을 산 사람에게 그나마 어울리는 노래가 〈시냇물〉이었던 것이다.
>
> 그런데 참으로 놀라운 것은 이 노래를 듣는 사람의 표정이 감옥에서 보았던 표정과 다르지 않더라는 점이다. "넓은 세상 보고 싶어 바다로 간다"는 대목에 이르면 감옥 속에 갇혀 있던 사람들과 같은 눈빛이 되었다. 먼 곳을 그리워하고 생각하는 표정이 얼굴에 나타났다. '바깥 사람들도 갇혀 있기는 감옥에 있는 사람과 크게 다르지 않구나' 하는 생각을 한 적이 있었다.[27]

낙관성의 근원은 생명외경사상

폭력과 광기가 지배하던 전두환의 5공시절을 온통 감옥에서 보낸 신영복은 극한의 처지에서도 낙관적인 신념에서 생명사상을 발아시켰다. 그의 낙관성의 근원은 자연의 생명력에서 근원하는 것 같다. 또한 대전사상범 교도소에서 30~40년을 0.75평 독방에서 꿋

꿋꿋이 버티는 미전향 장기수들의 모습에서도 낙관성을 유지할 수 있었을 것이다.

본 회퍼가 히틀러를 암살하려다 체포되어 나치스의 수용소에서 처형을 앞두고 쓴 글에 다음과 같은 내용이 있다.

> 낙관은 주어진 상황에 대한 평가가 아니라 생명력이다. 남들이 포기했을 때에도 희망을 갖게 하고 절망을 이겨낼 수 있게 하는 힘이다. 미래를 포기해 비관론자들에게 맡기지 않고 희망의 이름으로 미래를 손에 넣는 힘이다.[28]

대전교도소에서 신영복이 1980년 4월 7일 '형수님께' 보낸 편지다.

> 미루나무 가지 끝의 까치집에도 봄이 소복 담겼습니다.
> 우용이, 주용이도 봄나무에 키 재며 쑥쑥 자라겠네요.
> 요즘은 춥도 덥도 않아 징역살이에도 가장 좋은 때입니다.
> 더 이상 잃을 것 없이 헌옷 입고 봄볕에 앉아 있는 즐거움이 은자의 아류亞流쯤 됩니다.
> 가내 평안하시길 빕니다.[29]

여기서 우용이, 주용이는 신영복이 투옥 후 결혼한 형의 아들 즉 조카들의 이름이다. 편지 중에 "헌옷 입고 봄볕에 앉아 있는 즐거움"이란 대목은 무기수의 심사心事를 뛰어넘는다. 그는 '은자의 아류'라고 했지만, 아류가 아니라 은자 자체임을 보여준다.

신영복의 생명에 대한 외경畏敬은 감옥이라는 특수환경에서 발아되었다. 아프리카 오지에서 의료와 선교활동을 하던 슈바이처가 생각했던 '생명외경사상'과는 다른 결이다.

신영복은 어느 날 아버지에게 쓴 편지 「방안으로 날아든 민들레씨」에서 "어디선가 민들레씨 한 송이가 방 안으로 날아들었습니다."라는 내용이나, 계수에게 보낸 「옥창의 풀씨 한 알」에서는 그의 본원적인 '생명외경' 정신을 찾게 된다.

옥창의 풀씨 한 알

우리 방 창문 턱에
개미가 물어다 놓았는지
풀씨 한 알
싹이 나더니
어느새
한 뼘도 넘는
키를 흔들며
우리들을
가르치고 있습니다.

정국추추황 자모연년백

庭菊秋秋黃 慈母年年白

(뜰의 국화는 가을마다 노랗고

어머니의 머리는 해마다 희어지네.)[30]

신영복이 징역살이 10년이 되는 1977년 6월 8일자로 아버지에게 쓴 편지에는 다음과 같은 내용이 담긴다.

10년. 저는 많은 것을 잃고, 또 많은 것을 버렸습니다. 버린다는 것은 아무래도 조금은 서운한 일입니다. 그러나 한편 생각해보면 버린다는 것은 상추를 솎아내는, 더 큰 것을 키우는 손길이기도 할 것입니다.[31]

그의 생명철학이 오롯이 담긴 글이다. 10년 징역을 살면서 달관한 모습을 보인다. 생명외경의 사상이 자리 잡고 있음으로 하여 10년을 버리고서도 "버린다는 것은 상추를 솎아내는, 더 큰 것을 키우는 손길"로 받아들이는 낙관성으로 이어진다.

옥살이가 15년이 지나면서 1982년 8월 9일자로 형수에게 쓴 편지에서 보인 생명철학의 본심은 또 어떤가.

열다섯 해는 아무리 큰 상처라도 아물기에 충분한 세월입니다. 그러나 그 긴 세월 동안을 시종 자신의 상처 하나 다스리기에

급급하였다면, 그것은 과거 쪽에 너무 많은 것을 할애함으로써 야기된 거대한 상실임이 분명합니다. 세월은 다만 물처럼 애증을 묽게 함에만 그치는 것이 아니라 옛 동산의 '그 흙에 새 솔이 나서 키를 재려 하는 것' 또한 세월의 소이所以입니다.[32]

'여름 징역살이'의 고뇌

서양 근대 감옥의 창시자라는 평을 받는 공리주의 철학자 제러미 벤담(1748~1832)은 파놉티콘Panopticon을 창안한 장본인이다. 파놉티콘은 한 곳의 타워를 중심으로 주변부 모두를 감시할 수 있는 감옥의 구조를 말한다.

일제강점기에 지은 우리나라의 감옥(형무소)도 다르지 않았다. 서대문형무소나 대전형무소도 같은 구조였다. 수형인들의 일거수일투족을 감시하는 감옥의 형태였다.

파놉티콘의 구조에 기초한 근대감옥은 신체의 구속을 통해 항상 누군가 자신을 감시하고 있다는 의식을 수감자에게 주입시켜 궁극적으로는 수감자의 정신까지 감시·통제할 수 있는 시스템을 지향하였다. 결국 근대감옥은 지배권력이 대중화된 사회를 통제하는 정치의 일환으로 사용한 형벌 집행 시설이었다.[33]

국헌문란과 각종 뇌물수수 등의 혐의로 구속된 전 대통령 박근혜가 2017년 10월 서울구치소의 난방이 안 된 비좁은 감방에서 인권이 유린되고 있다고 국제인권 기관에 호소했다는 사실이 알려지면서 시민들로부터 조롱과 비난을 받았다.

그가 사용하는 독방의 크기는 10.6m²(3.2평)으로, 일반 수용자들은 3평이 안 되는 방에서 6명이 지내고 있는 데 비하면 오히려 교정당국이 지나친 특혜를 주고 있음이 드러났다.

신영복이 서대문형무소에 이어 대전교도소에서 수형생활을 할 때에는 3평(8.48m²) 미만의 감방에 10명 안팎의 수인을 수감하였다. 그는 1985년 8월 28일 쓴 「여름 징역살이」라는 편지에서 대전교도소의 실상과 소회를 생생하게 보여준다. 그동안 많이 소개된 글이지만 일부를 다시 옮긴다.

없는 사람이 살기는 겨울보다 여름이 낫다고 하지만 교도소의 우리들은 없이 살기는 더합니다만 차라리 겨울을 택합니다. 왜냐하면 여름 징역의 열 가지 스무 가지 장점을 일시에 무색케 해버리는 결정적인 사실—여름 징역은 자기의 바로 옆 사람을 증오하게 한다는 사실 때문입니다.

모로 누워 칼잠을 자야 하는 좁은 잠자리는 옆 사람을 단지 37℃의 열덩어리로만 느끼게 합니다. 이것은 옆 사람의 체온으로 추위를 이겨나가는 겨울철의 원시적 우정과는 극명한 대조를 이루는 형벌 중의 형벌입니다.

자기의 가장 가까이에 있는 사람을 미워한다는 사실. 자기의 가장 가까이에 있는 사람으로부터 미움받는다는 사실은 매우 불행한 일입니다. 더욱이 그 미움의 원인이 자신의 고의적인 소행에서 연유된 것이 아니고 자신의 존재 그 자체 때문이라는 사실은 그 불행을 매우 절망적인 것으로 만듭니다.

그러나 무엇보다도 우리 자신을 불행하게 하는 것은 우리가 미워하는 대상이 이성적으로 옳게 파악되지 못하고 말초감각에 의하여 그릇되게 파악되고 있다는 것. 그리고 그것을 알면서도 증오의 감정과 대상을 바로잡지 못하고 있다는 자기혐오에 있습니다.[34]

"이 글은 우리로 하여금 사람과 사람에 대해 달리 생각하게 만든다. 평소보지 못하고 느끼지 못했던 것들에 대해 생각하게 하는 힘이 있다."[35] 일반인들의 평면적인 인식으로는 수인들은 추운 겨울보다 그래도 여름이 지내기 나을 것이라 생각하기 쉽다. 하지만 겨울은 정말 고통의 계절이다. 그렇다고 가을이 좋은가 하면 그렇지도 않다. 출감 후 한 신문과의 인터뷰 내용이다.

교도소의 가을은 괴로움이죠. 등 뒤에 겨울이 바싹 달라붙어 있기 때문이다. 감방 안의 계절 감각은 덥다(○)와 춥다(×)만 있을 뿐, 가을이란 계절은 찍힌 점(.)에 불과합니다. 그 속에서 지낸 20년의 겨울은 내내 추웠어요.[36]

15년 대전교도소의 편편상

신영복은 대전교도소에서 장장 15년 이상을 살았다. 1970년 9월에 이감되어 1986년 2월까지 15년 7개월여 동안이다. 이 시기는 박정희 유신독재와 전두환 파시즘의 5공 기간으로서, 박정희 암살과 전두환의 몰락 직전까지에 이른다. 29세의 창창했던 청년이 어느덧 45세의 중년기에 이르렀다.

그는 5년여를 0.75평의 독방에 갇혔다가 10여 년을 합방에서 수형생활을 하면서 "제 자신을 다그쳐서 무릎 꿇고 사는 세월이 더는 욕되지 않도록 스스로 경계"[37] 하는, 그래서 욕된 세월을 맑고 곧게 살고자 노력하는 인고의 세월을 보내었다.

신영복이 한국의 모스크바로 불리는 대전교도소에서 15년을 버틸 수 있었던 것은 생명에 대한 외경심과 가족에게 편지를 쓰는 시간 그리고 참고서 하나 제대로 갖추지 못한 채 이지만 꾸준한 인문학 탐구에 쏟는 열정이 있었기 때문이다.

신영복과 비슷한 시기에 날조된 '일본유학생 간첩단사건'으로 같은 대전교도소에서 긴 옥살이를 한 재일교포 출신 서준식은 당시를 다음과 같이 기록한다.

내가 기결수가 되어 처음으로 대전교도소로 간 것은 1972년이었다. 그 당시 수인들은 한달에 한 번씩 지급되는 관제엽서에 200자 이내로 안부만을 써야했다. 나는 200자에 여섯 글자가 초과되었다는 이유로 첫 편지를 불허당해야 했다.

이윽고 관제엽서는 봉함엽서로 바뀌고 글자 제한도 없어졌지만 나는 너무 많은 사연을 적었다는 이유로, 혹은 너무 많은 (10권) 책을 부탁했다는 이유로 또 불허당해야 했다.[38]

신영복도 이와 같은 처지에서 가족에게 편지를 썼다. 절제된 글자 하나하나에 정성과 인고가 밴다. 이렇게 씌인 편지의 묶음인 『감옥으로부터의 사색』은 우리 시대의 소중한 고전으로 손색이 없을 것이다.

15년 동안 대전교도소에서 신영복은 많은 사람과 만나고 헤어졌다. 비록 감금된 공간이지만 그곳에서도 만나고 헤어지는 인간애사는 있기 마련이다. 후일 한 월간지와의 대담이다.

내가 대전교도소에 살았던 15년 동안 같은 사람과 여러 번 만기 인사를 나누었음은 물론입니다. 7번의 만기 인사를 나눈 사람도 있습니다. 그는 15년 동안 7번을 들어온 셈입니다.

징역살이는 그 사람을 가장 깊이 꿰뚫어 볼 수 있는 자리입니다. 그 사람의 됨됨이나 마음 씀씀이에서부터 그가 지닌 기능이나 습관, 그의 과거사와 집안 내력. 친척과 친구들의 면면에 이르기까지 바깥 사회에서는 도저히 알 수 없는 것까지 자연히 알게 됩니다.

그 사람의 잠꼬대까지 알고 있는 경우도 있습니다. 그렇기 때문에 나의 짐작에 대해 상당한 자신이 있었습니다. 그러나 다시는 들어오지 않으리라고 매겨 두었던 사람이 또 들어올 때 내가 느끼는 실망과 회의는 매우 크지 않을 수 없었습니다. 다시 만나 어색한 악수를 나눌 때 나의 심정은 착잡합니다.

사람이 소위 범행을 하게 되는 까닭이 그 사람의 됨됨이에 있기도 하겠지만 그보다는 그 사람의 처지에 있다는 것을 알기까지는 내게는 참으로 많은 세월이 필요했습니다. 나 자신이 세상의 거대한 원심력에 떠밀려 옥중에 있었음에도 불구하고 그것을 확인하기까지는 참으로 수많은 사람의 삶을 읽어야 했습니다. 더 정확하게 말하자면 수많은 사람들의 삶을 통하여 사회의 보다 깊은 실상을 읽어야 했습니다.[39]

대전교도소에 수감되어 신영복과 작업장의 같은 부서에서 일하고 한 방에서 살았던 감옥 동료의 회상이다.

집에서 들여온 자기 소지품을 보관하는 자루를 사물 보따리라 부르는데 선생님께 부모형제들이 넣어준 옷 등을, 당신보다 열악한 사람들에게 나누어 주셔서 선생님의 사물 보따리는 늘 가장 작았다. 방에 있는 이십 리터들이 물통의 물이 꽝꽝 얼어붙는 추위 속에 살아가는 감옥에서, 당신은 추위에 떠시면서 다른 사람을 배려해 나누어주시는 선생님의 따뜻한 마음은 추운 감방을 훈훈하게 달구는 난로 이상이었다.[40]

인간의 삶에서 가장 소중한 30대에서 40대 중반까지를 고스란히 대전교도소에서 보낸 신영복은 얼마 뒤 이곳을 떠나 전주교도소로 이감된다.

7장

전주교도소 이감,
움트는
생명운동

전주교도소에서 동학을 생각하다

신영복은 1986년 2월 19일 전주교도소로 이감되었다. 수인에 대한 교도소 이감은 교정당국(법무부)의 자의적인 조처에 속한다. 일 반적으로 대전교도소에 비해 전주교도소가 수인들이 지내기에 조 금은 낫다는 평이 따른다.

1985년 2월 12일 실시된 제12대 총선에서 신생 야당인 신민당 이 제1야당으로 부상하면서 폭압적이던 전두환 정권이 수세에 몰리 기 시작했다.

학생들의 미문화원 점거농성(5월 23일~26일), 정부·여당이 학생 운동 탄압을 목적으로 제정하려던 학원안정법 시안을 공개했다가 야당·학생들의 거센 반발로 입법을 보류(8월 7일) 하는 등 민주세력 의 저항이 점차 힘을 발휘하고 있었다. 민주화 실천 가족운동협의회(민가협)가 결정되고(12월 12일), 이에 앞서 서울의 14개 대학 학생 185명이 집권당인 민정당 중앙정치 연수원 점거 농성(11월 18일)에 들어갔다.

신영복이 전주교도소로 이감되기 직전인 2월 12일에는 신민당과 민주화추진협의회가 대통령 직선제 개헌 1,000만 명 서명운동을 감행하면서 전국에 태풍의 눈이 되었다. 전두환 정권은 바깥세상의 저항이 강화되면서 전국 교도소의 수인들을 심하게 통제하였다. 서신 수발과 가족 면회도 더욱 까다롭게 만들었다.

이미 산전수전에 공중전까지 옥고를 겪을 대로 겪은 신영복은 새로 옮겨진 감옥에서도 비교적 잘 적응하였다.

이감 후 처음으로 아버지에게 보낸 편지에서 여전히 '은자'의 모습을 보인다.

비록 새로운 환경이긴 합니다만 어려운 일 없이 생활하고 있습니다.

낯선 환경을 배우고 새로운 사람들을 만나는 일은 자신이 성장할 수 있는 계기를 제공해주는 것이란 점에서 사소한 생활의 불편 그 자체까지 포함해서 하나의 기쁨입니다. 익숙한 환경과 친분 있는 사람들의 양해 속에서는 미처 발견되지 못하던 자신의 작풍상作風上의 결함이 흡사 백지 위의 묵흔墨痕처럼 선연히 드러납니다.

저는 이러한 발견이 지금껏 무의식중에 굳어져 온 안이한 습관의 갑각甲殼을 깨뜨리고 좀 더 너른 터전 위에 저의 자세를 다시

세울 수 있기를 바랍니다.[1]

신영복은 학창시절부터 동학東學에 많은 관심을 갖고 있었다. 동학회에 참여했다가 나중에 엉뚱하게 통혁당의 하부기관으로 엮여 심한 고초를 겪기도 하였다. 그래서 전봉준과 동학농민혁명에 관해 남다른 역사인식을 갖게 된 것은 당연한 일이었다. 해서 동학혁명의 격전지 전주로 이감하게 된 것을 반겼다. 그리고 아버지가 차입해 준 『동학기행』 등 관련 책을 읽으면서 90여 년 전 동학도들의 꿈을 그렸다.

1986년 7월 12일 형수에게 쓴 편지 중 동학 격전지 부문이다.

이곳 전주교도소의 북쪽으로는 갑오년의 격전지였던 완산칠봉이 있고 남쪽으로는 민족신앙의 요람이라 할 수 있는 모악산母岳山이 있습니다.

모악산은 해발 794미터의 그리 높은 산은 아니지만 팔을 벌린 듯 동서로 뻗은 긴 능선은 완주군과 김제군을 갈라놓고 있습니다. 모악산에는 어머니의 가슴에 머리 박고 젖먹는 형상의 '엄바위'가 있어 이 산을 '엄뫼'라 부르기도 하는데 이 엄바위에서 흘러내린 물이 젖줄이 되어 김제만경 넓은 벌을 적셔준다고 합니다. 이름 그대로 모악이며 엄뫼입니다.[2]

무기수라도 탈 없이 15년이 지나면 교정당국의 감호하에 행형법 누진처우규정에 따라 일주일 정도 귀휴를 시킨다. 이에 따라 신영복도 1985년 9월 초 귀가의 기회를 얻어 가족과 상봉하였다. 집에서 어머니가 위독하다는 전보를 쳐서 귀휴가 이루어졌다. 실제로 어머니가 환중이었다. 출감 뒤 신영복은 한 강연회에서 이때를 회상한다. 수의를 입고 집으로 가는 모습에서 신영복의 결기가 여전함을 보게 된다.

교도소를 나올 때에는 대개 귀휴자들은 당연히 사회복으로 갈아입고 나오지요. 그런데 저는 수의를 입은 채 나왔어요. 직원들이 왜 수의를 입은 채 나가느냐고 지적했지요. 자동차에 집에서 가지고 온 옷이 있다고, 나가는 대로 곧 갈아입겠다고 하고서는 수의를 입은 채로 서울로 왔습니다.

아마 제게 있어서 수의란 결코 부끄러운 것이 아니었기 때문일 것입니다. 그 수의를 입고 힘겹게 이루어 낸 자기개조에 대하여 상당한 성취감을 느끼고 있었음에 틀림없다고 해야 할 것입니다.

지금도 기억하고 있습니다만 귀휴 소식을 들은 몇몇 친구들이 아무리 부모님이 위독해서 나오긴 했지만 저녁이라도 같이 먹자고 해서 수의를 입은 채 롯데호텔 라운지 커피숍에서 (청중 웃음) 아이리쉬 커피를 먹었지요. 저만 알고 있는 변화에 대한 성취감이고, 저만 느끼는 자유로움이었는지도 모릅니다.[3]

그동안 식구들은 개별적으로는 옥중 면회를 통해 잠깐씩이라도 만날 수 있었으나 함께 모두 만난 것은 1968년 7월 25일 체포된 이래 17년 만이었다. 그 사이에 새 식구가 여럿 늘었다.

어머니는 그동안 자나 깨나 옥살이 하는 아들을 걱정하느라 몸이 많이 쇠약해진 상태였다. 6일 후 다시 귀소한 아들은 첫 서신으로 어머니의 건강부터 살폈다.

> 어머님께서는 제가 떠나간 후로 매우 허전하였으리라 생각됩니다만 그럴수록 심기를 더욱 보중하시어 내내 기다려 주시기 바랍니다. 제게는 어머님께 듣고 싶은 이야기도 많고 또 제가 어머님께 드리고 싶은 말씀도 많습니다. 항상 넉넉하신 마음으로 주변의 대소사를 모두 허락하셔서 심사를 거스르는 일이 없으시도록 안돈安頓하시기 바랍니다.
>
> 저는 지난번 한 주일 동안은 겪은 일들이 한동안은 마음에 짠하여 생각이 어수선하였습니다만 이제는 그때의 짠하던 마음도 먼 옛 기억처럼 묽어지고 어수선하던 생각도 가지런히 정돈되어, 마침 청정한 가을 날씨와 더불어 자신을 맑게 지니려 애쓰고 있습니다.[4]

아무리 독재정권이 기승을 부리고 간수들이 완장을 휘둘러도 시간의 흐름만은 막지 못한다. 전두환의 폭압지배도 서서히 종말을 향해 흘러가는 시침時針은 멈추지 않았다.

'평화신문'에 옥중편지 실려

1987년 6월항쟁은 동학혁명에서 3·1혁명 다시 4월혁명으로 승맥되는 한국의 위대한 민족·민주·민중운동의 일환이었다. 시민들은 1980년 '서울의 봄'을 짓밟고 광주시민들을 무차별 살상하면서 쿠데타로 집권한 전두환 일당의 독재정권에 맞섰다. 그리고 더 이상 용납하려 하지 않았다.

6월항쟁은 전두환의 정권연장을 거부하는 저항운동에 사무직 노동자들까지 참여함으로써 실질적으로 5공의 종말을 가져온 직접민주주의의 발현이었다.

신영복은 옥중에서 간간히 바깥소식을 들으면서도 갇힌 몸이라 어찌하기 어려웠다. 여전히 그는 푸른 수의에 머리 깎인 무기수의 신세였다. 출감 후 "일생을 통해 가장 견디기 어려웠던 일"을 묻는 질문에 두 가지를 들었다.

> 현장 소외감이 힘들었어요. 특히 80년대 민주화 과정에서 격리되어 있다는 것이 마음의 격정을 못 이기게 하더군요. 그리고 가족들에 대한 아픔이 컸죠. 부모님이 면회 오실 때마다 절망을 안고 돌아가는 모습을 보면 견딜 수가 없어요. 그럴 때마다 인간의 폭력성에 대해서 전율할 때가 많았습니다.[5]

신영복은 바깥세상 민중들의 반독재 저항운동에 참여하지 못한 소외감은 「나는 걷고 싶다」라는 편지(1988년 1월 30일)에 그 편린을 담았다.

> 눈이 내리면 눈 뒤끝의 매서운 추위는 죄다 우리가 입어야 하는데도 눈 한번 찐하게 안 오나, 젊은 친구들 기다려쌓더니 얼마 전 사흘 내리 눈 내리는 날 기어이 운동장 구석에 눈사람 하나 세웠습니다.
>
> 옥뜰에 서 있는 눈사람. 연탄조각으로 가슴에 박은 글귀가 섬뜩합니다.
>
> "나는 걷고 싶다."
>
> 있으면서도 걷지 못하는 우리들의 다리를 깨닫게 하는 그 글귀는 단단한 눈뭉치가 되어 이마를 때립니다.[6]

신체 강건하여 "걷고 싶어도 걸을 수 없게" 만든 박정희가 죽고 그의 후계자 전두환의 몰락도 시간문제로 박두하고 있었다. 그람시를 감옥에 가두면서 무솔리니는 재판관에게 "우리는 이자의 두뇌 작용을 20년 동안은 막아야 한다."라고 지시했다고 한다.

이탈리아의 파시스트들은 그람시를 투옥한 얼마 뒤부터 감방에서 글을 써도 좋다는 허가와 함께 필기도구를 주었다. 그람시는 수감기간 동안 33권의 노트(2,350쪽의 양에 달하는)에 역사와 철학, 정치와 문학에 대한 그의 생각을 모두 담아 놓을 수 있었다. 또 가족에게 보낸 편지들 속에서 그의 감옥생활과 그 고통을 생생히 묘사하였고 나아가 그의 지적 관심사들에 대한 생각도 적어 보냈다.[7]

한국의 독재자들은 무솔리니보다 더 잔혹했다. 여전히 수인들의 두뇌를 통제하고 가족이 보내 주는 책에도 금제의 딱지를 붙였다. 하지만 언제까지 폭력이 정의를 이길 수 없다. 또 어둠이 밝음을 덮을 수 없다. 6월항쟁은 노태우의 6·29항복선언으로 나타나고 민주화의 거센 물결은 감옥의 양심수들에 대한 관심을 불러왔다.

신영복이 20여 년 동안 엽서에 쓴 편지가 바깥사람들 사이에서 입 소문을 탔다. 어느 시대에나 의로운 사람은 있기 마련이고 마침 천주교에서 주간 신문 창간을 준비하면서 그 책임자의 귀에까지 들어갔다.

1988년 해방 43주년을 맞아 『평화신문』이 창간되면서 그동안 가족에게 보낸 신영복의 옥중서간을 고르고 골라 4회에 걸쳐 싣게 되었다. 이 시기는 군부세력과 민주화세력의 대치국면이어서 아직 어둠이 짙은 상황이었다. 양심적이고 용기 있는 한 지식인이 위험을 무릅쓰고 신영복의 편지 내용을 신문에 실었고 울림이 대단했다.

> 편지 하나하나 어느 것 하나 버리고 뺄 것이 없었지만 20년 동안 쓰인 그 많은 편지 중 정수라고 생각되는 것들을 고르고 골라, 또 편지의 앞은 생략하고 뒤는 꼬리를 잘라. 가능한 한 많은 분량으로 연재하기 시작했다. 처음에는 신문의 한 면 전체를 채워 두

어 번 정도만 실을 예정이었지만, 편지가 나가자마자 독자들의 호응이 너무도 커서 횟수를 네 번으로 늘렸다.

그랬는데도 연재를 계속하기를 바라는 독자들의 요구가 이어졌고, 그들이 받은 울림과 감동은 널리 퍼져나갔다. 그것이 마침내 『감옥으로부터의 사색』이라는 제목의 책으로 나오게 되었다. 부끄러운 고백이지만 책의 제목도 내가 지었고, 서문도 내가 썼다.[8]

『평화신문』에 편지 글이 연재되면서 신영복의 존재가 20여 년 만에 지상으로 부상하는 계기가 되었다. 그의 나머지 옥중편지를 읽고자 찾는 사람이 많았고, 그의 실체를 알고자 하는 시민들이 늘어났다. 6월항쟁의 한 모퉁이에서 작은 생명운동이 싹트고 있었다.

8장

20년 만의
출감

독재의 공범자와 부역자들

독재 또는 독재자는 홀로 독獨 자를 쓰지만, 그 행위는 공범자와 부역자들과 함께한다. 독재자의 곁에는 많은 공범자들이 존재하고 주위에는 부역자들이 포진한다. 엄격한 의미에서 독재자는 홀로 존재하지 못한다고 할 수 있다.

멀리는 그만두고 '이명박근혜'가 국정을 농단하고 민주주의를 퇴행시킨 데는 공범자들이 다수 있었기 때문에 가능했다. 또 국정원·검찰·공영방송·족벌신문·대학·연구소·행정기관·국회 등 곳곳에 숱한 부역자들이 있었다. 저들은 배운 지식과 전문 기능을 독재자(정권)를 위해 바치면서 일정한 권력과 재물을 챙겼다. 피땀 어린 국민의 세금을 제호주머니 돈처럼 사용하면서 국고를 축냈다.

국정원과 검찰이 본분을 잃지 않고, 국회의원들과 언론인들이 비판과 감시기능을 제대로 했다면 이명박이나 박근혜가 대통령이 될 수는 없었을 것이고, 설혹 되었다 치더라도 이토록 국정을 농단 하고 국고를 낭비하지는 못했을 것이다.

박정희와 전두환 시대에도 다르지 않았다고 하면 어폐가 있을 것이다. 더욱 심했고, 그들은 '이명박근혜'의 원조에 속한다. 이명 박과 박근혜는 그리고 공범자들과 부역자들은 이들로부터 학습효 과를 받아서 더욱 심하게, 그리고 더욱 교활하게 국민을 억압하고 국고를 유용 착복했다.

6월항쟁의 힘은 전두환을 퇴진시키는 데는 성공했지만 군부권 력을 청산하는 데는 미치지 못하였다. 군부권력은 박정희 18년과 전두환 7년, 그러니까 25년간의 통치 과정을 통해 권력유지의 수법 을 체득하고 있었다. 공범자들과 부역자들도 공생관계를 유지하면 서 권력의 끈을 놓치려 하지 않았다.

직선제 개헌이 이루어지고 야권은 분열했다. 6월항쟁을 주도했 던 재야도 야권의 분열과 함께 사분오열되었다. 그런 속에서 1987 년 12월 16일 실시한 제13대 대통령 선거에서 전두환의 후계자 노 태우가 당선되었다. 야권의 후보가 얻은 득표율이 훨씬 많았지만 아무런 실효성도 없었다.

그 이듬해 4월 26일 실시한 제13대 총선에서는 집권당인 민정 당이 과반수 의석을 얻는 데 실패하고 여소야대 국회가 구성되었 다. 야당은 여전히 3개정당으로 분열된 상태에 있었다.

당시 정치상황을 소개한 데는 이유가 있다. 무기수 신영복의 옥중서간이 신생 종교신문에 실리면서 파장이 일고, 이어서 책으로 출간할 수 있었던 배경을 살피기 위해서이다.

『평화신문』이 1988년 7월 10일자를 시작으로 네 차례에 걸쳐 「통혁당사건의 무기수 신영복씨의 편지」를 실으면서 글에 공감한 시민들의 성원이 빗발쳤다. 그리고 옥중서간집이 이해 8월 15일 출간되었다. 신영복과 같은 통혁당 수감자 오병철의 부인 윤일숙이 경영하는 햇빛출판사에서 『감옥으로부터의 사색』이란 제목으로 초판이 나왔다.

신영복의 가족은 처음에는 단행본 출간을 미뤘으면 하였다. 관행대로 무기수라도 20년의 형기를 마치면 출소시키는데, 혹여나 책의 출간이 권력자들의 비위를 건드려 출소가 지연되지 않을까 염려되었기 때문이었다.

대통령이 된 노태우는 전두환의 후계자이지만, 6월항쟁 이후의 상황과 여소야대 정국에서는 국정운영이 달라지지 않을 수 없었다. 비록 대선에서는 실패했으나 깨어 있는 민중의 역량도 6월항쟁을 거치면서 한껏 고조되었다. 대선 과정과 6공 초기에는 독재잔재의 독기가 약해지고 납작 엎드렸던 것도 사실이다. 늘 그랬던 것처럼 기회주의적인 속성이었다. 그러함에도 『평화신문』의 연재는 보통 용기가 없이는 불가능한 일이었다. 결과적으로 노태우 정권이 그를 석방시키지 않을 수 없게 만든 계기가 되었다. 민중의 힘이 그만큼 성장한 것이다.

'평화신문'과 에밀 졸라

『평화신문』이 신영복의 옥중 편지를 연재한 것은 드레퓌스 사건을 폭로한 프랑스 에밀 졸라의 용기와 비교된다.

유태인 출신 프랑스 장교 알프레드 드레퓌스(1859~1935)는 독일 측에 기밀문서를 넘겨주었다는 혐의로 체포되어 군사재판에 회부되었다. 군부의 가짜 서류, 증언이 이어지고 불공정한 재판에서 그는 유죄판결을 받고 1895년 1월 기아나 소재의 '악마의 섬'으로 유형을 갔다.

드레퓌스의 형 마티외가 동생의 억울함을 호소하는 진정서를 보내고, 해당 문건의 필적이 다른 장교의 것으로 드러났다. 에밀 졸라와 조레스를 비롯한 양심적 지식인들이 재심을 요구하는 등 진실 규명에 나서면서, 프랑스에서는 양심적인 드레퓌스주의자들과 진실을 묻으려는 반드레퓌스주의자들의 대결이 전개되었다. 이 싸움은 진보세력과 보수반동세력 간의 대결이 되었다.

독재자나 여기에 부역하는 공권력은 진실을 밝히기보다 거짓을 말하거나 필요하면 범인을 조작하려 든다. 진실이 드러나도 과오를 인정하지 않고, 새로운 조작을 시도하기도 한다. 그리고 진실을 영원히 땅속에 묻으려 한다.

예나 이제나 독재권력에 맞서 진실을 밝히는 작업은 쉽지 않다. 자기희생이 요구되고, 조작된 가짜 증언, 권력과 유착된 언론의 진실 은혜가 사람들을 현혹시키기 때문이다. 인류사에서 얼마나 많은 진실이 묻히고 거짓이 행세했는지. 얼마나 많은 사람이 억울한 죄를 뒤집어쓰고 형장에 서거나 옥살이를 했는지. 역사는 침묵하는 경우가 적지 않았다. 그러나 예외가 없는 것은 아니다. 소수이지만 용기 있는 지식인과 진실을 밝히려는 언론이 있었기에 가능했던 일이다. 진실의 맥은 이렇게 하여 지켜지고, 정의는 여전히 인류의 소중한 보편적 가치로 존중받는다.[1]

양심적인 지식인 에밀 졸라가 진보적인 신문 『로로르』에 보낸 「나는 고발한다」라는 글의 일부다.

> 저는 진실을 말할 것입니다. 법적인 권한을 부여받은 사법부가 완전무결한 진실을 말하지 않는다면 제가 말할 것을 명세했습니다. 이것은 제 의무이기도 합니다. 공범이 되고 싶지 않기 때문입니다. 그러지 않으면 세상을 잃어버린 먼 곳에서 결코 저지르지 않은 범죄의 대가로 고통을 겪고 있는 저 불행한 자의 망령이 밤마다 저를 찾아올 것입니다. 대통령 각하, 각하를 위해 저는 이 진실을 온 세계로 외칠 것입니다.
>
> 온 힘을 다해 정직한 한 인간의 외침을 세계로 전할 것입니다. 각하의 명예를 생각해볼 때 저는 각하가 사실을 알지 못한다고 확신합니다. 그러나 누구 앞에서 제가 범인의 악행을 규탄할 수 있겠습니까?
>
> 이 땅에서 최고의 권위를 가지고 있는 각하 앞이 아니라면?[2]

『평화신문』은 신영복의 글을 연재하면서 다음과 같이 밝혔다.

처음에 신 선생의 글을 『평화신문』에 싣기에 앞서 다소 망설였던 것을 고백하지 않을 수 없다. 안 그래도 『평화신문』이 소외되거나 인권이 유린된 사람들의 이야기만을 실어 어둡고 그늘지다는 얘기를 듣고 있는 터에 감옥에서 보낸 편지, 그것도 언제 나올지 모르는 무기수(이렇게 말하는 것을 용서받을 수 있다면)의 글을 싣는다고 짜증 섞인 항변은 없을는지 걱정하지 않을 수 없었던 것이다.

그러나 그것은 우리의 기우였다. 가장 고통스러운 속에서 나오는 평화의 메시지로서, 인간의 마음 가장 깊은 곳에 가 닿는 조용한 호소력이 신 선생의 글에는 있었던 것이다. 신문에 실린 편지를 읽고 울었다는 사람도 있고 온몸으로 쓰는 글이기 때문에 심금에 와닿는다고 하는 사람도, 신 선생을 위하여 기도한다는 사람도, 주소를 묻는 사람도 있었다.[3]

『평화신문』은 신영복의 첫 저서가 된 『감옥으로부터의 사색』 초판 서문에서 이 신문에 실을 때의 고뇌와 책 출간의 의미를 덧붙였다.

이제 우리가 감히 앞을 자르고 위를 쳐서 겨우 신 선생의 참뜻을 일부(교도소 검열을 거친 것이기에 사전에 여과된 것까지 치면, 더욱 그렇다)만을 전한 것이 늘 죄송스럽더니 이제 신 선생 편지의 전문이 비교적 다 살려진 채로 세상에 한 권의 책이 되어 나온다고 한다. 우리가 못다한 일이 마침내 이루어지는 것 같아서 여간 반가운 것이 아니다.

이제 『평화신문』을 통해서 겨우 신 선생의 절제된 체취와 사색의 일단만을 보아온 독자들이 보다 가깝게 신 선생 내면의 사색을 접근할 수 있게 된 데 대해 만세를 부르고 싶은 심정이다. 더구나 지금은 신 선생이 밖에 나와 있지 않은가.[4]

20년 20일만의 석방

신영복은 1988년 8월 14일 광복절 특사로 가석방되었다. 20년 20일만의 석방이었다. 28세의 나이가 48세에 이르렀으니 알토란 청춘을 모두 날린 세월이다. 강산이 두 번이나 변하는 시간이었다. 그러나 석방은 되었으나 완전히 자유의 몸이 된 것은 아니었다. 여차하면 언제든지 재수감이 가능한 조처가 이른바 가석방 상태였다. 해서 육체만 풀려난 것이지 정신과 영혼은 여전히 규제와 감금의 상태에 놓여 있었다. 자유롭게 발언하고 해외여행을 할 수도 없었다.

박정희 정권은 유신시대인 1975년 7월 16일 법률 제2769호로 사회안전법이란 것을 제정했다. 이른바 특정범죄를 다시 범할 위험성을 예방하는 한편 사회복귀를 위한 교육개선이 필요하다고 인정되는 자에 대해 보안처분을 함으로써 국가안전과 사회안전을 유지한다는 명목으로 긴급조치 9호의 선포와 함께 같은 날 공포했다.

보안처분 대상자는 ① 형법상의 내란죄 ② 군형법상의 반란죄·이적죄 ③ 국가보안법상의 반란죄, 목적 수행죄, 잠입·탈출죄, 찬양고무죄, 회합 통신죄, 편의제공죄 등을 지어 금고 이상의 형을 받고 그 집행을 받은 사실이 있는 자들로 규정되어 있었다. 한마디로 사상범 또는 공안사범들이 형기를 마치고도 사회에 복귀하는 것을 원천적으로 봉쇄하기 위한 악법 중의 악법이었다.

신영복 역시 석방이 되었으나 이 사회안전법의 굴레에서 벗어날 수 없는 처지였다. 그래서 몸은 풀렸으나 영혼은 여전히 감옥 속에 갇혀 있었다. 신영복은 우선 요양의 시간이 필요했다. 치열한 절제와 정신력으로 출옥할 때까지 어느 정도 건강은 유지되었으나, 긴 세월 동안 부실한 감옥음식과 감시받은 영혼으로 영육이 함께 지치고 긴장하지 않았다면 거짓말일 것이다.

새끼 새들이 성장하여 둥지를 떠나면 다시 찾지 않는다고 한다. 새들이기 때문이다. 하지만 신영복은 전주교도소를 출소하여 서울 집으로 돌아오면서 두고 온 옥중의 양심수 '동창생'들을 생각할 때 발길이 무거웠다. 유신과 5, 6공 시절에 여러 차례 구속되었던 문익환 목사의 시 「내가 바라는 세상」은 수인이 없는 세상을 원한다. 신영복의 심경도 이와 같지 않았을까 싶어 시의 일부를 소개한다.

내가 바라는 세상이 어떤

세상인고 하면 별로 대단한 게 아니여

(…)

대천에서 썰물이 슬슬 빠지듯 감옥에서

사람이 하나 둘 슬슬 빠져나가고

되돌아오는 사람이 줄어드는 세상 말이여

(…)

(감옥에) 백기를 올리는

세상이 되었으면

더 바랄 게 없겠구만 말이여.[5]

신영복은 1984년 투옥 16년 만에 귀휴하여 6일 후 다시 감옥으로 돌아갈 때의 심경을 이렇게 썼다. 20년 20일 만에 풀려나 귀가할 때는 그 반대의 심경이 아니었을까.

교도소로 돌아오는 형님의 차 안에서 넥타이를 풀고, 와이셔츠, 저고리, 바지 등 세상의 옷들을 하나하나 벗어버리고 다시 수의로 갈아입을 때, 그때의 유별난 아픔은 냉정한 이 성의 언어를 거부하는 감정의 독립 같은 것이었습니다.[6]

9장

새로운
시작을
위하여

사회적응하며 유영순 여사와 결혼

신영복은 감옥에 있을 적에 설계하였다. "50살에는 나간다. 50~60살에는 많이 보고 자료수집하고, 60~70살까지는 책을 한 권 쓰고, 70~80살에는 그냥 좀 편하게 쉬겠다."[1] 감옥의 인생 설계는 어느 정도 실천되지만, 그렇지 않게 진행된 부분도 없지 않았다.

신영복의 생애는 대략 20년을 주기로 하여 구성되었다. 감옥 이전의 20년, 감옥의 20년, 감옥 이후의 20년이다. 인생의 황금기인 가운데 토막을 잃어버린 채 40대 중반에 시작한 새로운 인생설계는 얄궂다면 얄궂은 그의 운명이었다. 하지만 보통 사람들이 평생을 두고도 이루지 못한 일을 그는 마지막 연대에 해냈다.

그가 감옥에서 산 20년 동안 한국 사회는 크게 변하였다. 20세기의 물질문명, 기계문명 사회는 과거 농경시대 200년의 속도보다

빠르고 많이 변화하였다. 그래서 시대상도 바뀌고 사람들의 의식구조도 많이 달라졌다.

연암 박지원의 글에 '맹인이 눈 뜬 이야기'가 있다. 오랫동안 맹인이었던 사람이 어느 날 길을 걷다가 갑자기 눈을 뜨게 되었다. 그런데 정작 눈을 뜨고 보니 자기 집을 찾아갈 수 없었다. 맹인이었을 때에는 지팡이에 의지하여 걷던 길이 눈을 뜨고 보니 전혀 생소한 것이다. 연암의 말이다. "다시 눈을 감고 걸으시오."

긴 세월의 영어에서 풀려난 수형자들에게 변화된 사회의 적응은 쉽지 않다. 신영복은 출옥 후에 가진 철학교수와 대담에서 심경의 일단을 피력한다.

> 교도소에서는 정보가 없으니까 논리 중심의 사고가 발달하는 데 비해, 출소 후에는 정보 중심 사고를 하게 돼요. 너무 많은 정보가 사람을 무력하게 만들어요. 교도소에서는 자기 사고의 흐름을 주시해 보고, 자기 생각을 되짚어갈 수 있었지요.
>
> 그런데 출소 후에는 생각 되짚기를 서너 개 이상 하기 어려워졌어요. 논리적 사고를 하지 않고 텔레비전이나 영화처럼 이미지로 연결되는 사고를 하기 때문이지요. 이것도 물론 하나의 뛰어난 인식틀이긴 하지만, 너무 많은 정보로 어지러운 때는 그런 것을 막아주던 교도소 시절이 그립기도 해요.[2]

신영복의 가석방처분 기간은 2000년 5월 5일까지였다. 이 기간

감호경찰서장의 허가 없이는 주거지를 이전할 수 없고, 10일 이상 여행을 할 수도 없었다. 또 당국의 판단에 따라 결정되는 집회나 시위에 참가하거나 이를 지지 성원하는 행위도 하지 못한다. 정치 사회적으로 금치산자 처분과 다르지 않았다. 거기에다 사회안전법의 대상자로 묶여 있었다. 이중삼중의 올가미로 옭아 놓은 것이다.

이런 그에게는 감옥 안이나 밖이나 크게 달라진 것이 없었다. 아침저녁으로 받은 점호나 소등, 출역, 옥밥 등이 없어진 것이 달라진 일상이라면, 여기에 자유롭게 책을 읽고 늘어지게 늦잠을 잘 수 있는 것이 달라진 모습이었다.

하지만 신영복은 이 같은 환경에 초조하거나 불편해하지 않았다. 감옥의 규제나 출소 후 크게 달라진 사회질서의 생활에서 불편해 하지 않았다. 그의 '세계'가 따로 있었기 때문이다. 유연하게 받아들이고 깊고 넓게 사유하는 오랜 습관대로였다.

부모와 가족이 결혼을 서둘렀다. 오랜 수감으로 혼기를 많이 놓친 상태였다. 감옥에 있을 때에는 결혼 같은 것을 생각하지 않았다. 언제 풀려날지도 모르는 상태에서 헛된 꿈이라고 치부한 때문이었다. 이제 풀려난 몸이고 많이 노쇠한 부모님의 간절한 소망이기도 하였다.

신영복이 석방되기 전부터 지인들이 신붓감을 물색해 두었다. 동양방송(TBC)(현 KBS) 라디오 PD를 맡고 있던 유영순 씨였다. 생각이 깊고 마음씨 고운 여성이었다.

가족 이기주의의 측면이 마음에 걸려서 결혼하지 않고 살겠다고 했는데, 아버님과 어머님은 모셔야 되고, 또 집안 어른들이 한사코 야단을 쳐서 하게 되었습니다. 주변에서 친구들과 여러 사람들이 소개하겠다고 했는데 아무도 만나지 않았습니다. 결혼한 사람은 제가 나오기 전부터 주변에 있는 분들이 미리 정해 둔 사람이라고 합니다. 결혼 상대자로는 단 한 사람만 만났고 그 사람과 결혼했습니다. 잘 모르는 사람입니다만 주변에 있는 분들은 신뢰하는 사람들입니다.[3]

성공회대학교 강사로 초빙

신영복에게 1989년은 행운의 연대에 속한다. 결혼을 하고 3월 6일부터 성공회신학교의 초빙으로 사회과학개론, 한국사상사, 정치경제학, 동양고전강독 등의 강의를 맡았다. 그중에서 고전강독과 정치경제학을 오래 강의하였다. 아직 사면복권이 되지 않은 상태여서 강사의 직위를 맡을 수밖에 없었다. 그러나 그해에 행운만 있었던 것은 아니다. 결혼 후 모시고 살았던 어머니가 병환 끝에 돌아가셨다.

성공회대학은 1914년 성공회에 의해 강화도에서 성미가엘신학원으로 개교하여 1956년 서울시 구로구 항동 현재의 위치로 교사를 이전하고, 신영복이 강의를 시작하던 1989년 성공회신학교로 교명을 바꾸었다. 1992년 성공회신학대학으로 승격되었고, 1994년 성공회대학교로 교명을 변경하였다.

성공회聖公會는 기독교의 한 교파로서 16세기 종교개혁 때 분리된 영국 성공회를 모체로 한다. 대한성공회는 영국성공회의 한국교구로 1889년 주교 고요한Corfe, C.J.에 의해 설립되었다. 예배와 풍습은 가톨릭과 다르나 교리와 관행은 가톨릭적인 교회이다.

일제강점기 주교 구세실Cooper, C.을 비롯한 외국인 선교사들이 강제로 국외추방을 당하는 등 탄압을 받고, 6·25전쟁 때는 한국인 성직자 3명과 영국인 성직자 2명, 수녀 1명이 인민군에 의해 처형을 당하고 주교 구세실은 납치되었다가 1953년 포로교환 때 풀려나왔다.

대한성공회는 1950년대 이후 산업선교·학원선교·한국교회주체성 확립 등에 선교 목표를 두고, 이승만·박정희의 독재정권에 맞섰다. 1965년 5월에는 이천환이 첫 한국인 주교로 서울교구장에 취임하였으며 현 경기도 교육감인 이재정 씨 등이 총장을 역임하였다.

대한성공회의 선교이념은, 첫째로 역사가 교회에 요구하는 사회정의와 인권, 인간화와 의로운 개혁에 대한 예언자적 사명을 이념으로 정치·사회·경제·문화 등 여러 분야에서 하나님의 뜻을 증거함으로써 교회가 '선교를 위한 공동체'로서 연합하고자 노력하며,

둘째로 주체적인 교회로서 세계의 모든 교회와 유대를 강화하

여 신앙적 고백과 경험을 서로 나누는 '선교동역자'로서의 책임을
다하고,

셋째로 교회중심주의 교파주의를 떠나서 이 시대에 예수그리
스도를 올바르게 증언하기 위하여 교회를 개방하고, 기독교의 타
교파와의 일치운동을 벌이는 것은 물론 타종교와의 대화도 모색
한다는 것이다.[4]

대한성공회의 '선교이념'을 소개한 것은 사상범의 꼬리표를 달
고 가석방 상태인 신영복을 거침없이 강사로 맞은 성공회대의 실체
를 알기 위해서이다. 그는 가석방으로 아직 사면복권이 안 되었기
때문에 정식교수로 채용이 불가한 신분이다. 타 대학이나 각종 연
구소들이 엄두도 못 내고 있을 때 성공회대가 그를 초빙하고, 신영
복은 사망할 때까지 교수·석좌교수로서 활동하였다. 그의 '20년 주
기'의 마지막 20년을 모두 성공회대학교와 함께한다.

신영복은 나무를 무척 좋아하였다. 나무를 닮았기 때문일까. 나
무의 특징에는 그 부동성不動性도 있다. 더러는 뿌리 뽑혀 다른 곳으
로 옮겨지기도 하지만 대부분은 태어난 장소에서 살다 간다. 신영
복의 경우도 그랬다. 20년 감옥살이를 마치고 마지막 생애를 온통
성공회대에서 봉직하다가 영결식도 이 대학에서 거행되었다.

출옥과 함께 감옥 20년은 이제 추억이라고 내심 결별하고 있
었지만 감옥 이후의 삶도 매우 낯설고 불편하다는 점에서 별로 다

르지 않았다. 마치 낯선 땅에 나무를 옮겨 심은 것이나 다름없었다. 생각하면 이 어려운 시기에 한 그루 나무로 설 수 있게 따뜻하게 품어 준 곳이 곧 성공회대학교다. 그 따뜻함의 내용이 곧 세 번째 '대학'이 되는 셈이다.[5]

당시 성공회대는 작은 규모의 영세한 학교였다. 신영복이 이 대학과 인연을 맺은 것은 우연한 계기가 있었다.

> 내가 성공회대학 강단에 서게 된 계기는 당시 이재정 신부와 김성수 주교와의 자연스러운 만남 때문이었다. 출소 직후 나는 성공회대성당에 있었던 '마당 세실극장'에서 극장 간판을 그렸던 적이 있다. 친구가 경영하는 극장이어서 소일 삼아 간판을 그렸는데 김성수 주교와 이재정 신부를 만난 곳이 바로 그 극장이었다. 그 친구의 추천으로 『감옥으로부터의 사색』을 읽은 두 분이 나를 성공회대학에 강사로 초청한 것이다.
>
> 오랜 수형 생활 직후여서 강단에 서기에는 여러 가지로 준비가 안 된 상태였다. 그럼에도 불구하고 강사로 초청받은 것은 학문이나 사상보다는 인간의 삶과 고뇌에 무게를 두는 매우 인간적인 배려 때문이었다.
>
> 더구나 이재정 학장은 이후 자주 "그가 감옥 이전에 서 있던 자리에 다시 서도록 하는 것이 바깥에 있었던 사람들의 도리이며 군사정권의 청산"이라고 밝히곤 하였다. 성공회대학은 비 기독교

인이면서 좌파로 규정되고 있는 내게 그런 점에서 매우 인간적인 공간으로 자리 잡게 된다.[6]

한국 사회가 오랜 군사독재와 수구세력의 억압 속에서도 시민들이 숨 쉬고 살 수 있었던 것은 그나마 도처에 '산소'와 같이 맑은 정신으로 바른 일을 하고, 옳은 사람을 지켜주는 사람들이 있었기 때문이다.

대학으로 이끌어 준 눈 맑은 사람들

서양철학사는 플라톤이 소크라테스를 만남으로써 시작되고 기독교의 역사는 베드로가 예수를 만남으로써 세계종교가 될 수 있었다. 동양의 유교나 불교도 마찬가지이다. 공자와 석가모니는 책 한 권 쓰지 않았으나 '말씀'을 훌륭한 제자들이 듣고 편찬하여 『논어』와 『불경』을 편찬하였다.

이명박·박근혜 정부 시절의 요직자들이 검찰 포크라인에 선 모습을 보면, '어쩌면 저런 자들이 국정 핵심부서의 책임자들이었을까, 나라가 망하지 않는 것이 요행이구나' 하는 생각을 하게 된다. 유유상종, 그렇고 그런 지도자들과 추종자들의 만남이었다. 그들 세계에는 그런 자들밖에 없었고, 그래서 "우리가 남이가"로 얽히고 설켜 국정을 농단하다가 뒤늦게나마 법의 심판을 받게 되었다.

너무 늦은 정의는 정의가 아니라는 말이 있듯이, 그리고 "법은 정의롭지만 법정은 불의하다"는 법언대로 과연 법관들이 법과 양심에 따라 저들을 제대로 심판할지 국민과 역사가 지켜본다.

신영복을 알아 본 사람들이 있었다. 이재정의 기록이다.

> 신영복 선생님과의 첫 만남은 1988년 8월 유난히 무덥던 여름, 정동에 있는 세실레스토랑에서 이영윤 당시 세실극장 고문님의 주선으로 이루어졌다. 신 선생님의 이야기를 하려면 반드시 이 고문님에 대한 설명이 필요하다. 이 고문님은 학교 3년 선배이지만 때로는 형님이고 때로는 동지이고 때로는 친구였다. 이 선배님은 일찍이 공군장교 시절 신영복 선생님과의 관련으로 옥고를 치르기도 했던 신 선생님의 진실한 동반자였다.
>
> 신 선생님의 석방이 이루어진 직후부터는 그의 생활을 후원하는 일종의 매니저 역할을 했다. 이 선배님은 〈처음처럼〉, 〈여럿이 함께〉를 비롯한 신 선생님의 작품들을 모아서 서예전을 여는 한편, 신 선생님이 살 집을 마련하는 등 분주한 일을 도맡아했다.[7]

유類가 다른 유유상종이었다. "필연은 우연의 옷을 입고 나타난다."(E.H.카)고 했다. 김원봉이 신채호를 만나 「조선혁명선언」을 쓰게 한 일이나, 이봉창이 김구를 만나 일왕에게 폭탄을 던지도록 한데는 '필연'이라는 역사의지가 담긴다.

건물이나 규모가 옹색하기 그지없는 성공회대 관리자들이 신영복을 만나 영입하고, 그럼으로써 '뿌리 잃은 나무'와 같은 신영복이 이곳에 굵은 뿌리를 내리게 되고, 이 대학도 큰 성장을 이루는 계기가 되었다. 대학은 건물이 인재를 키우는 것이 아니라 인물이 대학을 성장시키는 곳이다. 이재정의 기록은 이어진다.

　　나는 신영복 선생님에게 이 역사가 해야 할 일이 있다면 20년을 되돌려 '원상회복' 시키는 것이라고 생각하였다. 그것은 사실 불가능한 일일 뿐만 아니라 불필요한 일임에 틀림없다. 왜냐하면 신 선생님의 '원상'은 외형이 아니라 그의 깊고 깊은 내면세계를 형성해온 이념과 사상과 지향과 가치 등이기 때문이다. 그래도 내가 할 수 있는 일이 있다면 신 선생님이 감옥에 가시기 전 그 '자리'를 만들어드리는 것이 최선이 아닐까 생각하였다.

　　그래서 나는 신 선생님께 성공회신학교가 비록 4년제 대학에 준하는 각종학교各種學校로 아주 작고 초라한 대학이지만, 이곳을 20년 전 가르치던 '그곳'으로 삼아 '가르침' 곧 역사의 희망을 만들어가는 일을 하시는 게 어떤가 하고 제의하였던 나는 신 선생님이 다시 교수의 자리로 돌아가 그 '가르침'을 계속하실 수 있도록 하는 일이 내 몫이라고 믿고 있었다.

　　신 선생님의 '동양철학', 아니 역사를 살아가는 지혜에 대한 강의는 이렇게 하여 시작되었다. 1989년 3월 6일 아침 10시. 지금은 사라진 건물이지만 성공회대학교(당시 성공회신학교)의 신관 2층 강의실은 신영복 선생님이 20년의 세월을 딛고 교수로 새로 태어나는 순간이었다.

　나는 숨을 죽였다. 왜냐하면 그의 강의는 바로 새로운 역사의 지혜 그 자체였기 때문이다. 그것은 우리가 알고 있던 고전은 아니었다. 그것은 변하지 않는 역사의 진리이며 생명이었다. 이렇게 시작한 그의 고전 강의가 마침내 『강의』라는 책으로 엮여 나온 것을 보면서 나는 새삼스러운 감격을 맛보았다.[8]

신영복은 1989년 1학기부터 성공회대에서 강의를 시작했다. 당시는 규모가 작아서 신학과와 사회복지과뿐이었다. 학과 정원은 25명이었다.

　20년간의 엄청난 변화 앞에서 곤혹스럽기 짝이 없던 내게 작다는 것은 매우 편함이었고, 협소했던 감방처럼 대단히 친근한 것이었다.[9]

아카데미는 원래 소규모였다. 플라톤의 강의실은 비좁고 비가 줄줄 새는 낡은 건물이었다. 근대화와 함께 대학이 거대화되면서 강의실은 강연장처럼 바뀌었다. 신영복은 이 대학의 비좁은 강의실과 적은 수강생에 오히려 크게 만족하였다.

　성공회대학은 지금도 여전히 작은 대학이며 지리적으로도 서울 변두리이고 주류 담론에서 보면 더욱 먼 곳에 위치한 주변부임에 틀림없지만, 당시의 나로서는 주변부의 그 작은 공간이 오히려 안온한 느낌으로 다가왔다.

좌파가 명품으로 평가되는 운동 공간은 결코 아니었지만 주류 사회의 환상이나 냉전 논리로부터 일정하게 거리를 두고 있다는 점에서 매우 인간적인 공간이었다. 신학과 사회복지학 자체가 인간 실존에 대한 진지한 고뇌를 바탕에 깔고 있기도 하였다.

그 당시 성공회대학에는 제법 나이가 들고 여러 가지 사연을 지닌 학생들이 많았다. 고3에서 바로 대학으로 진학한 사람은 오히려 소수였다. 수업 시간의 질문도 삶과 인간에 대한 고민이 배어 있는 것이 많았다.[10]

사람은 설 자리에 서고 뜻이 통하는 사람과 함께하는 곳에서 보람을 찾는다. 신영복은 성공회대학에서 모처럼 행복한 시간을 갖는다.

DJ가 사면복권시켜

신영복이 성공회대학에서 열띤 강의를 하고 있을 즈음 한국 사회는 노태우 정권이 끝나고 김영삼 정부가 들어섰다. 문민정부를 표방했으나 그는 군사정권 세력과 3당야합을 통해 대통령에 당선되었다.

초기에는 군부 내 정치조직인 하나회 해체, 금융실명제 실시, 남북화해정책 등 괄목할 만한 개혁정책을 폈으나, 권력핵심층에 똬리를 튼 수구파 인사들이 점차 득세하면서 개혁은 중단되고, 남북관계는 냉온탕을 거듭한 끝에 노태우 정부 이하의 수준으로 퇴보하였다. 여기에 경제정책의 실패로 말기에는 경제식민지라는 IMF체제를 불러왔다.

이와 같은 정치환경에서 1997년 12월에 실시한 제15대 대통령 선거에서는 새정치국민회의의 김대중이 당선되었다. 헌정 반세기 만에 이루어진 최초의 수평적인 정권교체였다. 그는 집권하여 햇볕정책을 비롯하여 국정의 민주적 개혁과 더불어 무엇보다 시급한 IMF구제금융체제를 극복하는 정책을 폈다.

이어서 김대중은 취임 초기인 1998년 3월 13일 군사정권 치하에서 억울하게 투옥, 옥고를 치루고 있는 양심수 일부를 석방함과 동시에 신영복 등을 사면복권시켰다. 김대중은 자신이 억울한 누명을 쓰고 군사법정에서 무기수가 되었다가 옥고 끝에 석방되어 양심수들의 아픔을 누구보다 헤아릴 줄 아는 정치인이었다.

이로써 신영복은 10년 만에 족쇄가 풀리면서 자유인이 되었다. 그 사이에 신영복을 포함하여 양심수들을 옥죄던 사회안전법도 1989년 3월에 폐지됨으로써 신영복은 이제 법적 규제에서 모두 풀려 완전한 자유인으로 재탄생하게 되었다. 감옥 20년 가석방 상태 10년 도합 30년 만에 얻은 진정한 자유였다.

신영복이 사면복권이 되면서 학교 당국은 이사회를 거쳐 정식 교수로 임명하였다. 개인 연구실도 마련되면서 그의 '제3의 대학'은 성공회대에 뿌리를 내린다.

> 세 번째 대학인 성공회대학이 내게 각별한 감회를 안겨 주는
> 것은 나의 힘겨운 여정의 바로 이 지점에 성공회대학이 있었기 때
> 문이다. 생각하면 성공회대학은 비록 작은 대학이기는 하지만 땅
> 이 있고 숲이 있는 곳이었다. 그만큼 나로서는 그때까지의 고뇌를
> 조금이나마 내려놓을 수 있는 제3의 대학이었다.
> 이 점에서는 성공회대학의 많은 구성원들도 크게 다르지 않다
> 고 생각한다. 학교 공간이 실천적 공간으로서는 왜소하지 않을 수
> 없지만 그것은 나무가 나무를 만나서 숲을 이룰 수 있는 가능성의
> 땅이기도 하였다.[11]

신영복은 성공회대에서 처음에는 경제원론과 한국사상사를 가
르쳤다. 두 강좌 모두 교양과정의 1~2학년이 수강하였다. 한국사상
사는 어떤 강의내용을 담았을까?

> 교양과정의 강의이기도 하고 또 저의 전공 분야도 아니기 때
> 문에 전문적이거나 체계적인 내용을 다루고 있지는 못합니다. 다
> 만 한국사상을 지배 계층의 사상과 민중 사상으로 대별하고, 가능
> 한 한 그것을 사회경제적 토대와 연관시키려고 하고 있습니다.
> 사상을 사회경제적 토대와 관련시켜서 이해하게 되면, 대상
> 을 사회의 변화와 발전 과정에서 바라보는 변혁적 관점이 강화된

다고 생각합니다. 이를테면 불교 사상을 철학으로서의 불교, 호국 사상으로서의 불교, 민중 사상으로서의 미륵불 신앙으로 대비하기도 합니다.

그리고 풍수 사상의 경우에도 그것이 기본적으로는 자연과 인간의 관계 형식이지만 지기쇠왕설地氣衰旺說과 같이 지배 이데올로기로서의 성격, 개벽 사상 이데올로기로서의 역할, 그리고 현재의 생태주의 운동과 관련 시켜 보는 방법 등입니다.[12]

'나의 동양고전독법' 명강으로 입소문

신영복의 강의 과목인 '나의 동양고전독법'은 그가 20년 동안 감옥에서 절차탁마의 과정을 거쳐 숙성시키고 체화된 내용이었다. 동양고전은 해방 이후 급속한 서구화의 물결과 함께 학계에서 변방으로 밀려났다. 소수의 연구자나 전문 학자 외에 일반인들로부터 외면되었다.

학문의 중심이 서양학 쪽으로 바뀌고 영어해독자가 늘면서 동양고전은 조선시대 선비들과 함께 역사의 뒤안길로 밀려난 것이다. 한글전용 시대가 되면서 젊은 세대는 한자를 해독하기도 쉽지 않은 이유도 따른다.

한민족은 유교문화권에서 수천 년을 살아왔다. 그래서 동양고전은 우리의 문화의 중심가치로 자리 잡았다. 아무리 서구화의 물결에 휩싸여도 의식구조나 일상 속에서 유교문화를 떠낼 수는 없다. 그런데 그동안 동양고전에 대한 해석은 '원전풀이' 수준에서 맴돌았다. 당연히 현대인들의 감각에 맞지 않는다. 그래서 케케묵은 봉건담론으로 배척당하기 일쑤였다. 동양고전은 신영복의 다양한 학문세계에서 단연 윗자리를 차지하는 '전공'이다.

신영복의 고전독법은 달랐다. 먼저 그는 서양의 존재론을 극복하기 위해서 동양의 관계론을 내세웠다. 한 인터뷰에서 밝힌 그의 지론을 들어본다.

제가 동양고전과 신자유주의적 세계질서를 대비시키는 이유는 감옥에서 동양고전을 많이 읽기도 했지만, 이런 패권적이고 존재론적인 패러다임의 압도적 포섭에도 불구하고 소비나 소유와는 비교할 수 없는 가치가 있다고 믿기 때문이기도 합니다. 동양고전에서 발견한 것은, 삶의 궁극적 가치는 '인성人性의 고양高揚'이란 점입니다.

물질적 성취가 아니라 인간적 성취가 더 높은 차원의 가치가 되고 있습니다. 그리고 그 인간적 성취는 인간관계로 결실되는 것이지요. 훌륭한 사람, 훌륭한 사회, 그리고 훌륭한 역사의 문제로 연결되는 것이지요.

근대사회의 전개과정이 보여온 존재론적 패러다임을 관계론적 패러다임으로 전환하는 것이 오늘의 문명사적 과제라고 생각하기 때문이기도 합니다. 그리고 개인적으로는 동양고전을 통해

서 인간에 대한 이해 그리고 인간관계에 대한 관점을 들어 보이고
싶었습니다.

　그래서 저는 비전공자의 자유로움을 살려서 고전에 대한 정통
적이고 훈고학적인 관점에서 벗어나 항상 당대 사회의 문제의식
을 가지고 고전을 읽으려고 했던 것이 사실입니다.

　'고전을 읽는' 것이 아니라 '고전에서 배우겠다는 관점'이 고
전의 기본 독법이 되어야 한다는 생각입니다.[13]

　"훈고학적인 관점에서 벗어나 항상 당대 사회의 문제의식을 가
지고" 고전을 읽고 강독하는 신영복의 강의가 학구적인 젊은이들에
게 와 닿지 않을 수 없었다.

　얼마 후부터 그의 강의실에는 다른 학과생들은 물론 일반 청강
자가 생기고 입소문을 타고 전파되었다. 이어서 해가 지나면서 신
영복의 강의를 듣고자 성공회대에 입학하는 학생들도 적지 않았다.

　신영복의 동양고전 강독은 기원전 7세기부터 기원전 2세기에
이르는 춘추전국시대의 사상을 중심으로 출발한다.

　한마디로 사회 변혁기의 사상을 대상으로 하였습니다. 사회
변혁기는 사회의 본질에 대한 근본적인 담론이 주류를 이룹니다.
주周 왕실을 정점으로 하는 고대의 종법宗法 질서가 무너지면서
시작된 춘추전국시대는 부국강병이라는 국가적 목표 아래 군사
력, 경제력, 사회조직에 이르기까지 국력을 극대화하기 위하여 모

든 노력을 경주하는 무한 경쟁 시대입니다.[14]

신영복의 동양고전 강독은 『시경詩經』, 『서경書經』, 『초사楚辭』, 『주역周易』, 『논어』, 『맹자』, 『노자』, 『장자』, 『묵자』, 『순자』, 『한비자』, '불교', '신유학', 『대학』, 『중용』, '양명학'에 이르기까지 포괄되었다.

교수 한 사람이 동양고전 전반을 강독하기는 결코 쉬운 과제가 아니었다. 그는 고전을 가르치면서 고전을 위한 강독이 아니라 '오래된 미래'를 위하는 것임을 분명히 한다.

고전 강독은 결코 과거로의 회귀가 아닙니다. 우리의 당면 과제를 재조명하는 것이 되어야 한다고 생각합니다. 여러분은 『오래된 미래Ancient Future』란 책을 알고 있지요. 헬레나 노르베리 호지Helena Norverg Hodge 교수가 인도 서북부 티베트 고원의 라다크에서 17년 동안 라다크 사람들의 삶을 기록한 것입니다. 그 책의 부제가 '라다크로부터 배운다Learning from Ladakh'입니다. '오래된 미래'라는 표현은 분명 모순어법oxymoron입니다. 작은 거인little giant이나 점보 새우jumbo shrimp와 같은 모순된 어법입니다.

그러나 이 모순된 표현 속에 대단히 중요한 뜻이 담겨 있습니다. 미래로 가는 길을 오히려 오래된 과거에서 찾아야 한다는 것이지요. 자연과의 조화와 공동체의 가치를 소중히 여기는 라다크의 오래된 삶의 방식에서 바로 오염과 낭비가 없는 비산업주의적 사회 발전의 길을 생각하게 하는 것입니다. 과거는 그것이 잘된 것이든 그렇지 못한 것이든 우리들의 삶 속에 깊숙이 들어와 있는 것이지요. 그리고 미래를 향해 우리와 함께 길을 가는 것이지요.[15]

10장

중국·일본 소설과
루쉰전
번역

'사람아 아, 사람아!' 번역

신영복은 성공회대학에서 열정을 바쳐 강의를 하는 한편 틈나는 대로 중국 작가의 소설을 번역하고 혁명문인 루쉰의 평전을 번역하였다. '중국현대 휴머니즘 문학의 기수'로 알려진 다이 호우잉戴厚英의 『사람아 아, 사람아!』를 번역하여 1991년 3월 간행했다.

다이 호우잉은 1938년 중국 안휘성 영상현 출신으로 상하이 화동사범대학 중문과를 나와 1960년부터 상하이 작가협회 문학연구소에 배속되어 문학활동을 해왔다. 1966년 중국의 문화대혁명과 함께 혁명대열의 전사로 참가했던 당시 '검은 시인'으로 비판받던 시인 원지에聞捷와의 비극적 사랑으로 반혁명분자로 몰려 고난을 받는다.

1970년대에는 창작과 별로 관계없는 일에 종사하다가, 1980년 이후 창작에 몰두, 중국 현대 휴머니즘 문학의 기수로 떠올랐다. 대표작으로는 『사람아 아, 사람아!』(1980) 외에 『시인의 죽음』(1982), 『하늘의 발자국 소리』(1985) 등이 있는데, 이 세 장편은 당대의 중국대륙 지식인의 운명을 표현한 '3부작'으로 평가되고 있다.[1]

『사람아 아, 사람아!』(1991). 사진은 개정판 표지(다섯수레).

한국의 명망 있는 작가들 중에는 중국소설 『삼국지』 등을 평역하여 생계 수단으로 삼는다. 그런데 신영복은 출옥 후 첫 번역대상을 현대 중국의 저항작가 다이 호우잉의 소설을 선택하였다. 신영복의 「작가와 작품의 배경」에서 그 실마리를 찾게 된다.

'안개 속의 꽃' 이것은 작가 다이 호우잉에게 붙여진 애정어린 별명이다. '안개'라는 수식어를 붙이는 까닭은 아마 그녀가 일체의 인터뷰나 메스컴에 응하지 않았기 때문이라고 생각된다. 그리고 '꽃'이라는 단어의 의미는 물론 작가가 여자라는 까닭도 있겠지만 그보다는 독자들의 작가에 대한 애정의 헌사로 보인다.

작가 자신이 이처럼 안개 속을 고집하는 이유는 아마 이 작품에 대한 중공 당국의 비판때문이라고 할 수 있다. 이 작품에 대한 당국의 비판은 주로 자유주의 사상의 정신 오염과 휴머니즘에 의

한 마르크스주의 해석, 그리고 중요하게는 당 간부들의 권위주의와 무사안일에 대한 비판적 내용 때문인 것으로 알려져 있다. 한때는 당국의 가혹한 비판을 견디지 못하여 작가가 자살했다는 소문이 있을 정도였다.[2]

신영복은 중국의 문화대혁명에 관해 많은 관심을 보였다. 정운영과의 인터뷰에서 "중국의 문화혁명을 배경으로 한 소설을 번역했고, 그 작가의 작품이 요즘 유행을 타고 있는데, 선생님은 문혁을 어떻게 평가하고 있습니까?"란 질문에 대한 답변이다.

중국의 문화혁명에 대한 논의와 평가는 결코 간단한 문제가 아니라고 생각합니다. 그리고 그것은 그러한 논의와 평가가 발을 딛고 있는 철학적·역사적 입장의 차이에까지 소급될 수 있을 정도로 매우 다양합니다.

문혁은 계속혁명continued revolution론에 입각한 사회주의 사회에서의 계급투쟁으로서 착취계급의 소멸과 계급투쟁 그 자체를 구별해야 한다는 긍정적 입장이 있는가 하면, 반대로 문혁은 본질적으로 탈권투쟁이며 몇억개의 두뇌를 파괴한 무원칙한 파괴 행위 그 자체라는 입장으로 양극화되어 있습니다. 물론 그 중간에 각각 편차를 보이는 평가들도 있습니다. 저는 원칙에 있어서 문화혁명을 긍정적으로 이해하는 입장입니다.[3]

번역가로부터 이 책의 구성에 대해 직접 들어보자.

『사람아 아, 사람아』는 중국의 문화대혁명을 배경으로 하고 있다. 그러나 이 작품은 문화 혁명에 대한 비판을 주제로 한다기보다는 그러한 역사적 격동이 인간과 인간관계에 어떠한 충격을 주었으며 또 인간과 인간관계는 이러한 격동에 어떻게 대응하는가에 초점을 맞추고 있다. 인간과 인간관계에 실현된 분량만큼의 문혁이 소설의 배경으로 자리잡고 있다.

그렇기 때문에 역사적 격동의 심장부를 오히려 더욱 감동적으로 조명하고 있다고 할 것이다. 다이 호우잉은 철저하고 집요할 정도로 인간의 문제를 모든 것의 중심에 놓고 펼쳐 나가고 있다. 한 마디로 인간과 인간관계에 대한 그의 고뇌이며 애정의 사색이다.

역사의 격동 속에서 사랑과 우정, 이상과 신념이 어떠한 운명을 겪어가는가. 어떠한 것이 무너지고 어떠한 것이 껍질을 깨고 자라나는가를 보여 주려고 하는 것이다. 이러한 점에서 '혁명의 격정만을 이야기하고 혁명의 서정을 말하지 않는 것은 편향'이라는 슈 인라이의 지성이 느껴지기도 한다.[4]

『사람아 아, 사람아!』는 번역자의 명성까지 보태어 한국판이 20쇄 이상을 찍은 베스트셀러가 되었다. 작가의 다른 작품『시인의 죽음』도 번역되어 인기를 누렸다. 한국뿐만 아니라 이 작품은 영어·

불어·독일어·네덜란드어·일본어 등으로 번역되어 서방세계에 널리 소개되면서 "현대 중국문학의 새로운 지평을 연 문제작"이란 격찬을 받았다.

중국혁명작가 '루쉰전' 공역

신영복은 중국의 근대 혁명작가 루쉰을 무척 좋아하였다. 장소를 바꿔 루쉰이 한국에서 태어났으면 신영복이 되고, 신영복이 중국에서 살았으면 루쉰처럼 살지 않았을까 싶다.

신영복은 루쉰의 책 여러 권을 번역한 유세종 교수(한신대)와 함께 중국인 왕스징王士菁이 지은 『루쉰전』을 1992년 1월 간행하였다. 장쑤성 수양 출신인 왕스징은 서남연합대학 중문과를 나와 고전문학을 공부하고, 인민문학출판사 부총편집인으로 근무하면서 루쉰의 작품을 편집했다. 그는 루쉰박물관 관장, 베이징 사범대학 교수 등을 지낸 루쉰연구가이다. 그는 1979년 2월 중국청년출판사에서 『루쉰전』을 간행하였다.

비판적 지식이라면 루쉰을 좋아하지 않을 사람이 없을 것이다. "오직, 진실만이 내가 추구하는 가치다."라는 신념으로 치열하게 살다간 리영희 선생도 루쉰을 무척 좋아하였다. 자신의 책에 루쉰의 글을 인용하면서 그에 대한 헌사로 삼아 '글빚'을 대신한다.

루쉰에게 진 빚은 무엇인가? 그의 삶의 기본자세에서 배운 빚이다. 그는 일본 유학 때 중국인의 몽매함을 절감하고 의학공부로 신체의 병을 고치기보다 동포의 정신의 병을 고치겠다고 문학수업으로 전환한 내력은 모르는 이가 없다. 그는 원래 뜻했던 소설문학으로서보다는 평론으로 중국 민중의 정신적·의식적 몽매를 깨우치는 역할을 했다.

그의 마음은 언제나 민중과 함께 있었고 민중 속에 있었다. 민중을 속이는 일체의 허위와 권력에 대해서는 용감한 전사였다. 민중에 대한 무한한 사랑은 그의 글을 평이하고 이해하기 쉬워야 한다는 각성으로 이끌었다. 그의 글에는 현학적인 요소가 없다. 고매한 학설이나 이론으로 탁상공론이나 일삼는 것은 동포에 대한 지식인의 배신행위로 생각했다.

그리고 그는 중국 지식인의 전통적 인생관인 "영원히 청사靑史에 이름을 남긴다"는 허황한 생각을 거부하였다. (…) 나는 루쉰의 이 점이 좋다. 영원·허망·허영·허식·허욕을 마음에서 떨쳐버리면, 눈앞의 현실을 개혁하기 위해서 무엇을 할 것인가는 자명해진다.[5]

중국의 저명한 현대사상가 리쩌하우李澤厚는 루쉰을 다음과 같이 평가했는데, '반봉건'과 '반식민지'를 '분단' '군사독재'로 바꾸면 그대로 신영복에 와 닿는다.

반봉건·반식민지라는 복잡한 환경 속에서 루쉰은 수십 년 동안 시종일관 애증이 분명했고 조금도 모호함이 없었다. 그토록 맑게 깨어 있으면서도 유난히 깊이 사색하는 루쉰의 개성적 특징과 불같은 열정을 얼음 같은 냉정함 속에 담고 있던 작품의 미학적 품격은 바로 생활이 각인시킨 흔적이다.[6]

신영복은 옥중에서 루쉰의 작품을 읽었다. 그의 작품은 소설로 분류되어서인지, 검열이 통과돼 읽게 되었다. 출감 후 한 인터뷰에서 "루쉰에 관심이 많은 것 같은데 그 연유를 들려 달라."에 대한 답변이다.

사회의 변혁은 아시는 바와 같이 기본적으로 물적 토대의 변화입니다. 그러나 그 실천 운동의 시작과 끝은 상부구조의 사상·문화 운동에 의해 조직되고 마무리됩니다.

더구나 정보화 시대라고 일컬어질 만큼 상부의 규정력이 강화된 현실을 고려할 때, 중국 민중을 향한 루쉰의 양심과 호소는 비록 때와 장소를 격한 것이라고 하더라도 결코 과소평가될 수 없다고 생각합니다.

그러나 중국 현대사 전문가들에 의하면 우리의 현실에 있어서 루쉰이 갖는 의미는 역시 한정적일 수밖에 없고, 되도록 빨리 추쥔秋瑾이나 딩링丁玲 등 루쉰 이후로 넘어와야 한다고 합니다. 루쉰과 저의 비교는 당치 않다고 생각합니다. 저는 그처럼 치열하지도 못할 뿐만 아니라, 더구나 문학인도 아닙니다.[7]

'루쉰전' 어떤 내용 담았나

신영복과 유세종은 『루쉰전』을 번역 간행하면서 루쉰 연구에 주목할 만한 발언을 하고 있다. 「루쉰의 양심-루쉰전 번역에 부쳐」라는 머리글에서 '사람을 배우는' 일의 중요성을 밝힌다. (이것은 필자가 평전을 쓰는 이유이기도 하다)

책을 배우는 것보다 사람을 배우는 것이 훨씬 쉽다. 쉬울 뿐 아니라 사람 배움에는 가슴에 와닿는 절절함이 있다. 이것은 책에는 없는 것이다.

한 그루 나무가 그 골짜기의 물과 바람을 제 몸 속에 담고 있듯이 사람의 삶 속에는 당대 사회와 역사의 자취가 각인되어 있다. 사람 속에 각인되어 있는 이 사회성과 역사성은 책 속에 정리되어 있는 사회적 분석이나 역사적 고증에 비하여 훨씬 더 친근하고 생동적이다. 그렇기 때문에 사람을 통하여 도달하게 되는 사회·역사적 인식은 쉽고도 풍부한 것이다.[8]

역자들은 이 머리글에서 루쉰의 고단했던 생애를 되짚는다.

루쉰은 50여 년의 결코 길지 않은 생애를 통하여 참으로 상상을 초월할 업적을 남겼다. 본서에 소개된 바와 같이 "한 사람이 도대체 조국과 민중을 위하여 얼마나 일할 수 있는가" 하는 청년들의 질문은 항상 루쉰의 혁명적이고 전투적인 일생을 전제로 하고 있을 정도이다. 개략적인 통계에 의하면, 소설 3권, 산문회고록 1권, 산문시 1권이 도합 약 35만 자에 이르고 잡문 16권이 도합 약 650여 판에 135만 자에 이른다.

『루쉰전』(1992). 사진은 개정판 표지(다섯수레).

중국 고전문학 작품을 수집, 기록, 교열하고 중국 고전문학을 연구한 저작으로 이미 출판된 것이 약 80만 자이고 일부는 아직 정리가 되지 않은 것들이 있다.

러시아, 프랑스, 독일, 일본 등의 고전작가들의 작품, 소련, 불가리아, 루마니아, 체코슬로바키아, 헝가리, 핀란드, 네덜란드, 에스파니아 등 십여개국의 현대작가들의 작품을 번역 소개한 것으로 장편, 중편소설과 동화가 모두 9권, 그 외에 단편소설과 동화가 78편, 희곡이 2권, 문예이론 저서가 8권, 단편논문이 50편 도합 약 310여 만 자에 이른다.

그는 대략 500여 명 가량의 청년들을 친히 접견하였으며 전국 각지에서 그리고 해외에서 그에게 보내온 2천2백여 명 가량의 청년들(아는 사람과 모르는 사람을 포함하여)의 편지를 손수 읽어보고 3천5백여 통의 답장을 썼다. 유감스럽게도 이런 편지들은 지금 다 수집할 수 없게 되었다. 지금 수집할 수 있는 것으로는 1천3백여

통(『양지서兩地書(루쉰과 나중에 그의 부인이 된 쉬광핑 사이에 오간 편지만을 묶어 출판한 책)』는 계산에 넣지 않았음)밖에 안 되는데 이것만도 약 90여만 자에 달한다.⁹

군사독재 시절 한국에서는 루쉰의 산문집과 소설이 더러 번역되어 저항운동에 큰 받침돌이 되었다. 번역가의 말이다.

이번에 『루쉰전』을 번역하는 동안 집요하게 파고드는 의문은 그처럼 간고艱苦한 상황 속에서 그의 자세를 끝까지 가누어준 의지는 과연 어디서 연유하는 것인가 하는 점이었다.

한 마디로 그것은 그의 '양심'이었다. 그의 삶 전체를 일관하고 있는 의지는 다름아닌 그의 양심의 응결체였음을 깨달을 수 있었다. 양심은 이웃에 대한 관심이며 애정이다.

루쉰의 경우 이것은 '더부살이'로서의 인간에 대한 이해와 밀접히 결부되어 있다고 할 수 있다. 흙에 더부살고 이웃에 더부살고 조국과 민중에 더부살 수밖에 없는 인간에 대한 깊은 이해가 그의 양심의 내용이기도 한 것이다. 루쉰의 초인적 업적도 그 양심의 소산이었으며 루쉰의 문학적 천재도 이 양심의 승화이었으며, 불굴의 전투성도 이러한 양심의 실천이었다고 할 수 있다. 양심은 이처럼 루쉰의 모든 고뇌와 달성達成의 원천이었다.¹⁰

루쉰의 저항성과 서정성은 신영복과 많이 닮았다. 그래서 그의 평전을 번역한 것일 것이다. 다음의 대목은 루쉰이 아닌 신영복의 글이라 해도 통할 것 같다.

> "우리에게는 타인에게 희생을 강요할 권리가 없으며 동시에 타인의 희생을 저지할 권리도 없다… 이 희생의 선택이라는 문제는 혁명가의 사회참여와도 아무 상관이 없는 개인적인 것이다." 라는 글에서 읽을 수 있듯이 루쉰의 양심은 때로는 개인적 결단이 요구되는 고독한 것이기도 하였지만 양심은 처음부터 이웃에 대한 관심과 사랑이라는 그 본질로 하여 "꽃이나 나무보다는 흙"을 중요시하고 "천재보다는 민중"을 요구하는 대중성으로 더많은 이웃을 포용해왔던 것이다.[11]

'물에 빠진 개는 두들겨 패라'

신영복 등이 간행한 초판 『루쉰전』의 표지에도 실린 '물에 빠진 개는 두들겨 패라'는 루쉰의 말은 한국의 정치상황과 맞물려 시대적 유행을 탔다. 1992년 3·24총선으로 국회가 여소야대 구조가 되면서 전두환 등 군사독재자 처벌론이 제기되자, 보수 일각에서 '국민화합'·'용서' 등의 담론을 폈다. 이럴 즈음에 『루쉰전』이 발간되었다.

최근 '이명박근혜'의 적폐청산을 두고 보수세력이 '정치보복' 운

운하면서 국정농단을 보복으로 둔갑시키려 하고 보수신문들이 '화합'을 앞세우는 것과 똑같은 정황이었다. 루쉰은 중국의 수구세력을 '물에 빠진 개'에 비유하였다.

> 루쉰의 업적과 면모가 다양하였던 만큼 루쉰을 한마디로 규정하기는 어렵지만 그의 생애에는 우리가 읽을 수 있는 최대의 교훈은 '전투적 지식인의 초상'이란 말로 집약될 수 있다. 암울한 근대 중국의 격동 속에서 적과 동지에 대하여 스스로 모범이 되어 보여준 루쉰의 준엄하고도 확고한 삶의 모습은 사이비 지식인의 위선과 허구를 가차 없이 들추어내고 있다.
>
> 루쉰의 이러한 전투적 면모는 그의 뛰어난 시와 소설에서도 탁월하게 나타나고 있지만 특히 그가 잡감雜感이라고 이름한 수필 형식의 단문에서 가장 선명하게 나타나고 있다. 루쉰의 잡감은 우선 그 형식에 있어서 시詩보다는 구체적이고 소설보다는 뛰어난 기동성을 갖는 것이다.
>
> 흡사 단검처럼 번쩍이며 적과 동지, 사랑과 증오, 좌절과 희망, 과거와 미래를 적나라하게 파헤치고 있다. 반봉건·반식민지라는 어둡고 견고한 무쇠방에 갇혀 있는 '대륙의 혼'을 일깨우는 그의 수많은 잡감은 그를 한 사람의 문학인으로 이해해온 우리들의 태평함을 매우 부끄럽게 한다.[12]

신영복의 짧고 간명하면서도 생명력이 긴 수필의 글은 루쉰의

'잡감'과 많이 닮았다.

　번역자들은 루쉰이 그토록 간고한 상황에서도 끝까지 신념을 지킬 수 있었던 동인을 찾는다. 이 부문 역시 신영복과도 겹치는 대목이다. 번역자들이 굳이 이 책을 번역한 이유는 다음 대목에서 찾을 수 있을 것 같다. 유신과 5, 6공시대 한국의 모습이기도 했기 때문이다.

　　"젊은이가 늙은이의 임종기사를 쓰는 것이 아니라 반대로 늙은이가 젊은이의 사망기사를 써야 하는 아이러니"를 통탄하고 사람들의 무감각에 절망하면서도 그것은 "냉담해서가 아니라 더 큰 재앙을 자초하지 않기 위해서는 불가피"한 것으로 받아들이는 유연한 면모를 보이기도 하였다.

　　그러나 목이 잘린 여성혁명가들의 나신을 구경하기 위하여 떼를 지어 몰려가는 군중들의 열광에 대하여는 적들에 향한 것보다 더 심한 분노와 혐오를 느끼지 않을 수 없음을 실토하고 있다. 이는 의사의 길을 버리고 몽매한 중국민중의 정신에 관여하기 위하여 문학의 길로 진로를 바꾼 그의 결단에서도 알 수 있을 뿐만 아니라, 가난한 농촌의 어렸을 적 친구였던 룬투와 함께 키워온 그의 우정이 곧 루쉰의 양심이었기 때문에 사람들의 인간적 타락에 대하여 최대의 분노와 혐오를 금치 못한 것은 너무나 당연한 것인지도 모른다.

　　루쉰의 삶을 통하여 절절히 우리의 가슴에 와닿는 이 양심의 문제는 오늘 우리의 현실에 있어서 특별한 의의를 지닌다고 생각된다. 사회와 역사에 대한 모든 인식과 실천에 있어서 자칫 간과되고 경시되기 쉬운 인간적 토대를 다시 한번 반성케 한다는 점에서도 『루쉰전』은 중국의 과거이기보다는 차라리 우리의 현재라고 생각된다. 사람은 모든 사회 모든 역사의 처음이고 끝이기 때문이다.[13]

신영복과 유세종은 이 책에서 루쉰의 다음과 같은 말은 덧붙인다.

끝으로 루쉰이 임종을 달포 가량 앞두고 유언장을 대신하여 집필한 「죽음」의 일부를 부기해 둔다.

1. 장례 때는 옛친구 이외에는 아무한테서도 절대로 돈을 받지 말라.
2. 빨리 묻어버리고 끝내기 바란다.
3. 추도식은 절대로 하지 말라.
4. 나를 잊어버리고 너희들의 일이나 잘 보살펴라. 그렇지 않다면 너희들은 어리석다.
5. 남에게 해를 끼치는 사람은 가까이 하지 말고, 복수를 반대하고 인내를 주장하는 사람과는 친하게 지내기 바란다.

'개성'과 '인간'의 자각에서 출발된 루쉰의 일생은 '민족혼'이란 세 글자三字가 크게 묵서墨書된 백포白布가 그의 관위에 덮임으로써 끝나게 된다. 근대중국의 격동을 정면에서 감당하며 키워 온 그의 양심은 비록 때와 곳은 다르지만 오늘 이 땅을 사는 우리의 삶을 깊이 돌이켜보게 하리라 의심치 않는다.[14]

　『루쉰전』이 크게 인기를 모으면서 판을 거듭하고 역자들을 2007년 개정판을 냈다. 개정판 서문에서 역자들은 "루쉰의 현재적 의미와 현재적 가치를 확신하지 못한다면, 이 전기의 개정판은 아무 의미가 없을 것"이라고, 유의미한 말을 덧붙였다.

'역사속에서 걸어나온 사람들' 감역

　신영복은 1993년 7월 일본 작가 나카지마 아츠시中島敦가 쓰고 명진숙이 옮기고, 본문 그림은 이철수가 그린 『역사속에서 걸어나온 사람들』을 감역監譯하였다. 나카지마는 도쿄에서 태어나 1942년 33세의 나이로 요절한 불우한 천재작가로 알려진다.

　그는 12세인 1920년 한문교사인 아버지를 따라 서울에 와서 용산초등

『역사속에서 걸어나온 사람들』
(1993). 사진은 개정판 표지(다섯수레).

학교와 경성중학을 다니고, 그 후 도쿄제1고보를 거쳐 도쿄제국대 문학부 국문학과에 입학하여 1933년 졸업하였다. 작품으로는『산월기山月記』등 중국고전을 소재로 한 작품군과『빛과 바람과 꿈』, 『두 남선생』,『카멜레온 일기』등이 있다.

『역사속에서 걸어나온 사람들』에는「산월기」,「명인전」,「제자」,「이능李陵」등의 작품이 실렸다. 신영복은「역사로부터의 생환」이란 긴 서문 겸 감역사를 썼다. "인간은 역사 속에서 걸어나오고 역사 속으로 걸어 들어간다."는 발문에서 보이듯이, 나카시마가 주제로 삼은 역사인물과 가상인물에 관한 소견을 담았다. 일종의 문학 비평이다. 신영복은 서두에서 저자와 작품에 대해 소개한다.

이 책의 저자 나카지마 아츠시中島敦는 서른세 살의 젊은 나이로 요절한 불우한 작가이다. 그럼에도 불구하고 그의 작품 어디에도 서른세 살의 청안靑眼을 느낄 수 없다. 인간 이해와 역사 인식에 있어서 그의 난숙하고도 깊은 시각은 지명知名의 나이를 넘긴 우리들마저도 경탄을 금치 못하게 한다.

그는 고작 20여 편의 작품을 남겼는데 이 책에 실린「이능」,「제자」두 편만이 중편이고 나머지는 모두 단편이다. 짧은 생애에 적은 작품을 남겼으며 그나마 대부분이 그의 사후에 발표된 유고이다. 그의 문학적 성가聲價 역시 대부분의 천재작가와 마찬가지로 사후에 얻은 것이다.[15]

신영복은 작가의 고단했던 삶과 작품 활동도 아울러 소개한다. 여기서는 작품에 대한 내용을 중심으로 정리한다. 첫 번째는 「산월기」에 대한 소개다.

「산월기」의 작품 주제는 산월기와 함께 발표된 「고담古譚」에 수록된 작품군에 오히려 분명하게 제시되어 있다. 한마디로 광狂과 사死의 세계이다. 만주사변, 태평양전쟁, 군국주의에 대한 역사 인식을 바닥에 깔고 있으면서도 전체적으로는 인간 실존의 부조리 쪽에 중심이 기울고 있는 작품이다.

그러나 「산월기」에서는 고담이라는 허구를 빌려 이러한 실존적 문제를 객관적으로 상대화하는 한편, 오히려 '세계'에 대한 '자아'의 실천적 자세에 비중을 싣고 있다. 다만 그 실천적 자세가 오로지 윤리적으로 접근되고 있기는 하지만 그럼에도 불구하고 자아와 주체에 대한 작가의 관점이 분명하게 나타나 있다. 이 점은 주로 이징이 호랑이로 변신되는 계기에서 집중적으로 표현되고 있다.

짐승으로의 변신 즉 이징의 좌절은 한마디로 '겁많은 자존심自尊心'과 존대尊大한 수치심羞恥心으로 설명되고 있는데 이것은 '존대한 자존심'과 '겁많은 수치심'의 도치倒置로 보인다. 이것은 이러한 도치를 통하여 자존심과 수치심의 내용을 밝히고 그 둘을 하나로 통합함으로써 인격의 총체성을 부각시키기 위한 의도적인 것이라고 생각된다.

재능의 부족과 그것을 들킬까 봐 두려워하는 자존심과 평범한 사람과 어울리지 못하고 낮은 데 내려서기를 거부하는 수치심을 하나로 묶어 이것을 인간적 성실성과 실천적 자세의 방기로 규정한다.[16]

두 번째는 「제자」이다. 이 작품은 처음에 공자의 제자인 「자로子路」로 했다가 「사제師弟」로 바꾸고, 다시 「제자弟子」로 고쳤다는 내용을 전하면서 다음과 같이 소개한다.

이 작품은 공자의 제자인 자로를 주인공으로 하고 있다는 점에서 '자로'라는 제명이 일견 무리가 없어 보인다. 그러나 특히 '자로'의 '자로'인 것은 개인으로서의 자로가 아니라 시종일관 스승 공자와의 관계 속에 육화되어 있음으로써 가능하다. 그런 점에서 '자로' 보다는 '사제' 라는 제명이 더 적절한 이름이라고 할 수 있으며 작가가 이 '사제' 라는 제명을 놓고 고민한 점이 이해된다.

그러나 그가 최종적으로 '제자'로 결정한 것은 사제관계 그 자체가 분명 그의 주제가 아니기 때문이다. 제자인 자로를 통해서 파악된 스승 공자와 공자의 압도적인 대기권속에서 숨쉬는 제자 자로가 함께 달성시킨 사제 관계가 인간 관계의 빛나는 전범典範임에는 의심의 여지가 없지만 '관계' 그 자체는 어디까지나 조건이며 주체는 역시 '인간'이라는 작가의 인간 이해가 결국 「제자」로 낙착되기 하였다고 생각된다.[17]

신영복은 자로와 공자의 인간관계와 사제관계의 대한 특수성을
정리한다.

> 자로와 공자의 만남은 이 작품의 서두에서 묘사되어 있듯 부
> 정적인 만남이었다. 사이비 현자인 공자를 골려주려는 유협遊俠의
> 객기客氣가 만남의 계기를 만들었다. 이러한 부정적 계기와는 상
> 관없이 자로는 사제라는 인간 관계를 통하여 자기를 발견하고, 자
> 신의 운명을 자각하고 그리고 공자단孔子團의 일원으로서 짐져야
> 할 초시대적 사명에 스스로를 바치는 정직하고 감동적인 인간 드
> 라마를 완성한다.[18]

사마천과 이능의 관계 다룬 '이능'

신영복이 이 책을 주목했던 것은 「이능」이란 작품에 관해서가
아니었을까 싶다. 이능은 한무제 때 흉노군과 싸우다 중과부적으
로 포로가 된 비운의 장군으로, 사마천이 이능을 비호하다가 궁형
을 당한 장본인이다. 중국 고전을 공부해 온 그로서 이능과 사마천
에 관해 생각이 각별했을 것은 당연하다. 이능의 억울한 죽임과 사
마천의 역경은 신영복의 길이기도 했다.

> 이능과 사마천과 소무 세 사람이 펼쳐나가는 인간 드라마를

중첩시킴으로써 작가는 이 작품에서 분명 그의 문학적 주제와 지평을 성공적으로 심화·확대하고 있다고 생각된다. 세 인간상의 중첩이기는 하되 사마천과 소무는 어디까지나 이능의 고뇌를 조명하는 지점에 배치되어 있다. 이러한 구성은 작가가 「산월기」, 「명인전」을 거쳐 「제자」에 이르기까지 집요하게 추구해온 문학적 주제를 총화하려는 배려에서 이루어진 것으로 짐작된다.

제1장에서의 이능은 한마디로 이징, 기창, 자로를 총화한 인간상으로 제시된다. 대담하고 진지한 무장으로서의 면모는 일체의 심리 묘사를 제거한 짧고 명징한 문체와 더불어 강인한 용장 이능을 독자들 앞에 선명하게 세운다. 그리고 통절한 패전과 함께 비장悲壯으로 전락한다.

이러한 비극적 전락은 사마천이나 소무의 경우도 동일하다. 사마천은 궁형宮刑이라는 모멸로서, 소무는 억류와 핍박의 형태로 무너져 내리듯 다가온다. 이능, 사마천, 소무를 3개의 꼭지점으로 하는 3각형은 서로가 서로를 비추는 인드라의 구슬처럼 각자의 운명을 한층더 깊게 조명해 준다.

사마천은 『사기史記』의 저술에 심혼心魂을 쏟고, 소무는 상상을 절한 결핍과 곤궁, 그리고 한漢에 대한 충절의 의미를 뛰어넘은 운명과의 직선적 대결을 보여준다.

이능은 좌절의 땅에서 마상馬上의 무장으로서보다는 더는 지극히 절제된 필의筆意로 역사의 사람들을 다만 현재에다 생환生還해 놓는데에 자신의 역할을 한정해 두고 있다고 생각된다.

견고하면서도 결코 과열하지 않는 그의 담담한 문장과 함께 그의 작품 도처에서 느껴지는 공간과 여백과 여유가 바로 그 점을 증거하고 있다고 생각된다.[19]

신영복은 이 책을 소개하면서 문학비평적 소회를 밝힌다.

모든 문학 예술작품의 여백은 곧 독자와 관객들의 창조적 공간이다. 독자들의 몫이고 책임이다. 뿐만 아니라 때와 장소를 초월하여 생환된 역사의 사람들을 삶의 현장으로 인도하는 이른바 '생환生還의 완성'도 어차피 당대 사람들의 고뇌해야 할 몫이다. 그렇기 때문에 역사의 사람들을 살려내는 작업은 곧 역사를 완성시켜 가기 위한 실천이고 또 하나의 창조인 것이다.[20]

신영복은 글의 마무리 대목에서 이 책 번역자의 소개를 잊지 않는다.

이 책은 분량은 많지 않지만 작품의 소재와 전거가 중국의 고전이기 때문에 한문과 일본어를 동시에 번역해야 하는 이중의 수고를 하지 않을 수 없었다. 다행히 명진숙 선생은 일찍부터 일본 근세문학 부문에서 연학의 업적을 쌓아왔기 때문에 이 두 가지의 과제를 쉽게 풀어 내고 있다.

작품의 내용을 깊이 있게 통찰해 낼 뿐만 아니라 면밀하게 계산된 문체의 변화와 흐름까지 정확하게 포착하여 옮겨내는 데 훌륭한 역량을 보여 주었다. 남다른 수고에 감사드린다.[21]

11장

넓어진
활동영역

옥중서간집 '엽서' 간행

'역사속에서 걸어나온' 신영복은 바빴다. 찾는 사람도 많았고 원고청탁도 늘었다. 사람들의 관심이 그만큼 많아진 것이다. 관심사 중의 하나는 옥중에서 가족에게 보낸 엽서의 원문을 찾는 것이었다.『감옥으로부터의 사색』이 선풍적인 인기를 모으면서부터였다.

감옥에서 작은 엽서에 사색의 일단을 절제된 언어로 꼬박꼬박 눌러 쓴 서간문은 수인들만의 '특권'이었다. 일반인들은 그럴 이유가 전혀 없다. 해서 바깥사람들이『감옥으로부터의 사색』을 읽고, 그 '원전'을 찾고자 한 것이다.

독자들의 요청에 따라 1993년 신영복은 옥중 서간을 영인한『엽서』를 펴내었다. '여러 친구들을 대신하여' 영인본『엽서』의 서문「우리 시대의 고뇌와 양심」을 쓴 벗 이영윤이 서간집을 펴낸 이유를 밝혔다.

이 책이 엮여서 나오기까지는 어려움와 함께 비화가 있었다. 감옥에서 쓴 엽서는 대부분이 가족에게 보낸 것이었지만, 가끔은 오랜 친구들에게 보낸 것도 있었다. 엽서를 받은 친구들끼리는 이것을 복사하여 한 장 또는 몇 장씩 보관하였다.

이런 엽서를 수소문하여 모아 책으로 엮은 것이다. 물론 원본은 소유자에게 돌려주기로 하고 수집하였으나 시간이 오래 걸렸다. 준비 끝에 1993년 8월에 돌베개에서 책이 나왔다. 230편의 봉함엽서와 조각글들을 모아 컬러 영인하여, 20년 20일 옥중생활의 체취와 기록들을 원본 그대로 되살려냈다.

출판사는 고화질 촬영과 정밀 인쇄를 통해 원본의 상태를 있는 그대로 재현하여 예술적 감각과 소장 가치를 높여 주었다. 철필로 새기듯 한 자 한 자 또박또박 눌러 쓴 고뇌 어린 글씨와 여백을 이용해 저자의 생각을 생생하게 전달하였다. '서문'에서 책의 의미가 담긴다.

　　20년의 옥고를 치르고 우리들 앞에 나타난 그를 처음 만났을 때 우리는 그의 변함없는 모습에 놀라지 않을 수 없었다. 그리고 그가 가족에게 보낸 편지를 모아서 출판한 『감옥으로부터의 사색』을 읽었을 때 그의 조용하면서도 견고한 정신의 영역에 대하여 다시 한번 놀라지 않을 수 없었다. 그리고 우리는 생각했다. 그 긴 암묵의 세월을 견디게 하고 지탱해준 것은 과연 무엇이었을까. 그의 20년과 비교한 우리들 20년은 어떠한 것이었던가를 스스로 돌이켜보지 않을 수 없었다.

그리고 더욱 놀라웠던 것은 그 엽서들의 초고를 보았을 때의 충격이었다. 작은 엽서 속에 한자 한자 또박또박 박아 쓴 글씨는 그가 인고해온 힘든 하루하루인 듯 그 글을 결코 범상한 마음으로 대하지 못하게 하였다. 그가 엽서에 담으려고 했던 것이 단지 그의 아픔뿐만이 아니라 우리 시대의 고뇌와 양심이었다는 사실에는 많은 사람들이 공감하고 있음이 사실이다.[1]

『엽서』는 출간과 더불어 독자들의 반응이 뜨거웠다. 45,000원이라는 비교적 고가인데도 독자들은 다시 읽기 위하여 그리고 소장용으로 구매하였다. 필자도 '원전'(『감옥으로부터의 사색』)과는 또 다른 감동이었음을 느꼈다.

「서문」의 다음 대목도 놓치기 아깝다.

문득문득 생각나기는 했지만 친구를 감옥 속에 보내고, 아니 어두운 망각 속에 묻고 나서 우리는 20년이란 세월 동안 그가 어떤 잠을 잤는지 무슨 밥을 먹었는지 어떤 고통을 부둥켜안고 씨름했는지 까맣게 잊고 있었다. 20년이 지난 어느 날, 그 어둠 속의 유일한 공간이던 엽서와 그리고 그 작은 엽서를 천근의 무게로 만드는 깨알같은 글씨들을 마주했을 때의 감회는 실로 형언키 어려운 것이었다.

그 작은 엽서는 바쁘고 경황없이 살아온 우리들의 정수리를 찌를 뼈아픈 일침이면서 우리들의 삶을 돌이켜보게 하는 자기성찰의 맑은 거울이었다. 그것은 작은 엽서이기에 앞서 한 인간의 반듯한 초상이었으며 동시에 한 시대의 초상이었다. 어쩌면 우리는 이 한 권의 책에서 우리가 추구해야 할 삶의 모습을 읽으려 하고 있는지도 모른다. 이러한 심정은 비단 그를 아는 친구들뿐만 아니라 그와 무연한 독자에게도 마찬가지라고 감히 말할 수 있다.[2]

서화전 열려 호평 받아

신영복의 글씨(휘호) 전시회가 출소와 첫 저서 출간 기념으로 세실레스토랑에서 열린 데 이어 본격적인 서화전이 1995년 3월 17일부터 26일까지 도서출판 학고재에서 개최되었다. 여기에는 이제까지 그가 쓴 각종 서화가 전시되어 평론가들로부터 호평을 받았다.

여기서 다시 한 번 신영복의 서화론에 대해 그의 얘기를 들어본다.

서예란 그것을 글씨로써 흉내 내는 것이 아니라 그러한 인격과 사상, 그리고 당대 사회의 미학을 오늘의 과제와 정서로 지양해 내는 작업이어야 하며, 더구나 이 모든 것을 우리 시대의 것으로 형상화하는 동시에 나의 것으로 이룩해 내야 하는 것이라고 생각한다.

그것은 어쩌면 서도의 차원을 넘는 것이다. 명필들의 인격·사상·미학을 과제로 해야 할 뿐 아니라 그 시대를 이해하지 않고서는 불가능한 것이기 때문이다.

그러나 더욱 중요한 것은 다른 모든 예술 장르와 마찬가지로 서예도 현재의 사회적·역사적 과제와 관련되지 않을 수 없다는 사실이다. 따라서 서도의 전통·정통의 문제 역시 계승과 발전의 일반적 의미로 이해되어야 한다.[3]

신영복은 앞에서도 소개한 바 있지만 이미 시·서·화에서 상당한 경지에 이르렀다. 그래서 그의 글씨와 그림을 구하고자 하는 사람이 늘었다. 이후 각계의 '기금마련'을 위한 전시회가 열리면 으레 그의 글씨와 그림 출품이 요청되었고, 그때마다 마다하지 않았다.

그의 글씨는 독특한 서체가 형성되고 여러 가지 의미가 부여되었다. 시대의 고민을 담는다고 말한다.

많지는 않지만 나는 가능하면 우리 시대의 고민을 함께 나누는 글들을 쓰고 민중의 역량과 정서를 형상화하고자 하였다. 그러나 그 내용은 물론 그 형식에 있어서도 아직 답보를 거듭하고 있을 뿐이다.

특히 형식 문제에 있어서의 고민은 그것이 내용과 조화되어야 한다는 일차적 과제 이외에 보는 사람들이 친근감을 느낄 수 있어야 된다는 나의 생각 때문에 한층 더 어려움을 겪고 있다.

사람들로부터 경탄을 자아냄으로써 멀어지기보다는 친근감과 자신감을 함께 느낄 수 있도록 함으로써 가까이 다가가서 민중적 역량에 대한 믿음을 확인하고 공감할 수 있기를 원하기 때문이다.[4]

신영복의 '서예미학'을 쓴 유홍준은 "신영복 선생의 글씨에서 우리가 느낄 수 있는 또 다른 감각은 그림같은 맛이다. 한자를 본래 서화동원書畵同源인지라 그림 같은 글씨, 글씨 같은 그림이 가능하지만 한글은 그리 부호의 이런저런 조합일 수 밖에 없다. 신영복 선생은 〈솔아 푸른 솔아〉에서 보여주듯 그 형상성을 잡아내려 노력하고 있고 우리는 어느 정도 그 이미지를 잡아낼 수 있다."[5]라고 평한다.

다음의 대목은 신영복의 그림에 대해 정곡을 찌른다.

신영복 선생이 남달리 형상성을 추구한 것은 어쩌면 그의 그림 취미와 무관하지 않을 것이라는 생각을 해본다. 신영복 옥중 엽서를 그대로 실은 『엽서』라는 책에서 무수히 볼 수 있듯이 그는 대단히 뛰어난 그림 솜씨를 보여주고 있다. 대상을 골똘히 관찰한 묘사도 일품이지만 일종의 이야기 그림이라 할 서사적 형상들은 한 폭의 그림, 한 장의 편지, 한 권의 책으로 엮을 만한 내용을 담고 있다.

　나는 신영복 선생의 이러한 그림들이 우리 시대의 살아 있는 문인화라고 생각한다. 조선시대 문인들이 보여준 문인화풍을 고답적으로 답습하는 것은 더 이상 문인화라고 할 수 없다.[6]

'처음처럼'에 담긴 사연들

　신영복의 이미지 가운데 하나는 '처음처럼'도 포함된다. 술꾼들은 소주의 이름으로, 책벌레들은 책 이름으로 이해하고 기억한다. 옥중 편지에서 여러 차례 언급되었던 이 말이 공식적으로 '처음처럼'을 선보인 것은 1997년 "새로운 삶과 교육을 생각하는 잡지"라는 타이틀로 창간한 무크지 『처음처럼』의 창간호이다.

　'내일을 여는 책' 『처음처럼』은 발행 편집인 황덕명으로 하여 교육민주화를 내건 무크지였다. 발행인은 잡지를 창간하면서 신영복에게 제호를 부탁하고, 〈처음처럼〉을 제명으로 받았다.

　『처음처럼』은 기획위원들이 집필한 창간사에서 "우리는 처음으로 하늘을 만나는 어린새처럼, 처음으로 땅을 밟고 일어서는 새싹처럼 첫발을 내딛는다. 어떻게 해야 살벌한 경쟁을 벗어나 이웃과 삼라만상과 조화를 이루어 공생하며 살 수 있을지, 어떻게 죽임의 교육을 걷어치우고 살림의 교육을 꽃피울 수 있을지, 어떻게 해야 삶과 교육이 떨어지지 않고 서로 어우러질 수 있을지, 어떻게 해야 교육을 통해 학생과 교육자가 함께 자라고 행복해질 수 있을지, 그 모든 문제를 이제 '처음으로' 돌아가 근본부터 다시 고민하고자 한다."[7] 라고 고고지성을 울렸다.

'처음처럼'이 대중에게 널리 알려진 것은 소주회사가 새 상품을 출시하면서 소주 브랜드로 사용하면서부터였다. 일화도 많고 비화도 적지 않았다. 홍익대 산업대학원 손혜원 교수는 소주회사로부터 제의받은 새로운 소주 브랜드로 '처음처럼'을 차용하고 싶었다. 그리고 신영복을 만나 자초지종을 설명하고 그의 허락을 받았다.

> 프리젠테이션을 거쳐 막상 브랜드네임이 '처음처럼'으로 결정되고 나니 이런저런 걱정으로 마음이 편치 않았다. 소비재 중에서도 가장 대중적인 제품인 소주에 선생님 말씀과 글씨가 그대로 새겨지는 것이 마음에 걸렸다. 더구나 선생님께서는 "'처음처럼'을 돈을 받고 팔 수는 없다"고 하시며 사례를 일절 고사하셨다.
>
> 브랜드가 결정된 며칠 후 '처음처럼' 로고를 소주병에 임시로 붙인 시제품을 들고 성공회대학을 방문했다. 신영복 선생님을 비롯한 여러 교수님이 함께 모여 '처음처럼' 시제품을 보았다. 그 자리에서 뭐라고 말하는 사람은 없었지만 소주병을 바라보는 눈길들은 모두 착잡했다.[8]

주변에서 소주브랜드로 사용하는 것에 거부감을 갖고 메일을 보내는 등 반대하는 이들이 없지 않았다. 청초한 이미지에 술 이름은 어울리지 않다는 염려 때문이었다. 하지만 신영복은 기꺼이 승낙할 뿐만 아니라 사례도 한사코 거부하였다.

'처음처럼'이라는 말과 글이 신영복 선생님 작품인 걸 많은 사람이 알고 있는데, 혹시 선생님께서 당신 이익을 위해 그것을 팔았다고 남들이 오해하게 되면 선생님께 누가 되지 않을까 염려하는 내용으로, 선생님을 지극히 아끼고 사랑하는 충정을 담은 메일이었다. 또 제조업체측에 성공회대학에 어떤 형식으로든 기부를 하게 해서 신영복 선생님이 '처음처럼'을 내어주신 순수한 마음에 대한 보답을 해드렸으면 좋겠다는 구체적인 아이디어도 있었다.[9]

신혜원 교수는 자신이 받은 디자인 작업비 일부와 회사가 출연한 기금을 합해서 장학금 1억 원을 조성하여 '처음처럼 장학금'이라는 명칭으로 성공회대에 기부하였다.

'처음처럼'이란 용어는 아무나 쓸 수 있는 말이 아니다. 특히 지도층 인사들의 경우 함부로 쓰지 못한다. 초지일관이 쉽지 않기 때문이다. 그러나 신영복에게는 무슨 용어보다 어울린다. 술꾼들이 소주잔을 부딪히면서 '처음처럼'을 건배사로 삼는 경우도 적지 않았다.

신영복은 1990년 봄부터 매주 지인들과 북한산 산행을 하였다. 여기저기서 강연 초청을 받고 끝난 뒤에는 어울려서 소주나 막걸리를 마시며 어울리는 날도 많았다. 성공회대에서 종강을 하는 날이면 제자들과 인근 두부집으로 자리를 옮겼다.

서화 에세이집 '처음처럼'

『처음처럼』(2007). 사진은 개정판 표지
(돌베개).

신영복의 '처음처럼'에 대한 애착심은 2007년 2월 『(신영복 서화
에세이) 처음처럼』(처음처럼)의 발간으로 이어졌다. "365일 늘 처음처
럼 언제나 새날-매일 펼쳐보는 마음노트"라는 부제를 달고 나온 이
책은 일종의 아포리즘을 모은 것이다.

제1부는 삶에 대한 사색, 생명에 대한 외경 등에 대한 내용, 제2
부는 관계, 함께 사는 삶 등에 대한 글을 실었다. 제3부는 성찰과 사
랑 그리고 희망에 대한 글을 담았다.

넓은 여백에 그림 또는 삽화를 그려 넣고 짧은 에세이를 새긴 형식의 독특한 모습의 책이다. 쪽수도 매기지 않는 이 책은 그림책인지, 에세이 집인지, 잠언록인지, 그 모두를 담은 것인지, 내용 중에서 임의적으로 몇 편을 뽑는다.

사랑의 가장 확실한 방법은 '함께 걸어가는 것' 입니다.
'장미'가 아니라 함께 핀 '안개꽃'입니다.

높이 나는 새는
몸을 가볍게
하기 위하여
많은 것을 버립니다.
심지어 뼈속까지 비워야 합니다.
무심히 하늘을 나는 새 한 마리가
가르치는 이야기입니다.

겨울은 별을 생각하는 계절입니다.
모든 잎사귀를 떨구고 삭풍 속에 서 있는 나목처럼
밤 하늘의 별을 바라보는 계절입니다.
한 해를 돌이켜 보는 계절입니다.
그리고 내년 봄을 생각하는 계절입니다.

우리는 증오의 안받침이 없는
사랑의 이야기를 신뢰하지 않습니다.
왜냐하면 증오는 '사랑의 방법'이기 때문입니다.

물건을 갖고 있는 손은 손이 아닙니다. 더구나 일손은 아닙니다.
니다.
갖고 있는 것을 내려 놓을 때 비로소 손이 자유로워집니다.
빈손이 일손입니다. 그리고 돕는 손입니다.

오늘 저녁의 일몰日沒에서
내일 아침 일출日出을 읽는
마음이 지성知性입니다.

돕는다는 것은 우산을 들어주는 것이
아니라 함께 비를 맞는 것입니다.
함께 비를 맞는 것입니다.
위로는 위로를 받는 사람으로 하여금
스스로가 위로의 대상이라는 사실을
다시 한 번 확인시켜 주기 때문입니다.

오늘은 다만 내일을 기다리는 날이다.
오늘은 어제의 내일이며

내일은 또 내일의 오늘일 뿐이다.
그러나 지혜의 여신 미네르바의 부엉이는
석양에 날기 시작한다.

아름다운 도자기가 익고 있는
가마의 아궁이 앞에 앉아서 생각합니다.
우리의 삶을 저마다의 훌륭한 예술품으로
훈도해줄 커다란 가마를 생각합니다.

떠난다는 것은 슬픈 일입니다.
떠나는 것은 낙엽뿐이어야 합니다.
새로운 잎에게 자리를 내주는
낙엽이 아닌 모든 소멸은 슬픔입니다.

처음으로 쇠가 만들어졌을 때
세상의 모든 나무들이 두려움에 떨었습니다.
그러자 어느 생각하는 나무가 말했습니다.
"두려워 할 것 없다. 우리들이 자루가 되어주지 않는 한
쇠는 결코 우리를 해칠 수 없는 법이다."

"어린 여우가 강을 거의 다 건넜을 때
그만 꼬리를 적시고 말았다. 끝마치지 못한다."

세상에 완성이란 없습니다.

실패가 있는 미완未完이 삶의 참모습입니다.

그러기에 삶은 반성이며 가능성이며

항상 새로운 시작입니다.[10]

12장

중국역대시가선집
4권
공역

'중국역대시가선집' 동학同學과 편역

신영복의 학문적 공적 중의 하나는 1994년 묵자 연구가 기세춘과 함께 『중국역대시가선집中國歷代詩歌選集』 전4권을 편역한 일이다. 이구영과 시인 김규동의 감수를 받았다. 권당 7백 쪽이 넘는 방대한 선집이다. 선집의 구성은 다음과 같다.

제1권
선진시대-시경·초사
한대-한대 사부·악부시·고시
위진시대-건안풍골·정시·태강
남북조시대-동진·송·제·양·진·남북조 민요

제2권

당1-초당·성당

제3권

당2-중당·만당·당대·민요

오대

제4권

송대-북송·남송

금·원

명대

청대

근대

편역자들은 머리말에서 "사상은 선택이다. 사상은 일반적으로 이론이나 언술의 행태로 체계화되기도 하지만, 일상적인 삶의 현장에서는 대체로 '어느 것을 선택할 것인가' 하는 선택의 형태로 현상화되어 나타난다. 사상은 바로 이 선택 준거에 관여한다."라고 전제하면서, 하늘의 별, 바닷가의 모래알처럼 많은 중국의 고전 중에서 특별히 선택한 이유를 밝힌다.

이 『중국역대시가선집』의 편역과정에서 가장 먼저 직면한 문제가 바로 이 선택의 문제였다. 3천년의 장구한 역사를 관류해온 수많은 중국시가 중에서 어떤 것을 선택할 것인가 하는 것은 지극히 중요한 문제이고 그만큼 어려운 과제이다. 지금까지 우리나라에 소개된 중국 시가는 그것을 선별하는 관점에서 심한 편향성을 띠고 있었음이 사실이다.

이러한 편향성은 중국시가의 참 모습을 온당하게 이해할 수도 없게 하였을 뿐만 아니라 우리의 민중적 진실과 그것에 대한 관심과 애정마저 비하卑下하고 나아가서는 사회의 모순을 은폐하고 당대의 실천적 과제를 무산시키는 역할을 해왔다고 생각된다.[1]

두 사람의 편역자는 지금까지 우리에게 소개된 중국시가의 편향성과는 다른 기준에서 선택하고, '어떠한 실천적 과제'와 연결되기를 기대한다고 밝히면서, "다른 기준에서 또다시 선별되고 해설할 수 있는 가능성도 배제하지 않는다."라고 '여유'를 남긴다. 또 "다시 쓰여지는 역사야말로 당대의 실천적 과제 속에서 생환되는 역사이기 때문이다."[2]라고 적고 있다.

『중국역대시가선집』 1~4(1994). 사진은 1권 표지.

편역자들이 많은 시간과 공역을 들여 이 엄청난 작업을 한 이유를 다음의 「머리말」 중에서 어느 정도 헤아리게 된다.

중국 최초의 문학비평서인 유협劉協(466~520)의 『문심조룡文心雕龍』에서는 "물物이 변하여 정情이 생기고 그 정情을 나타내는 것이 사辭"라는 물색론物色論을 주장하였으며, 512년에 발간된 중국 최초의 시 평론집인 종영鍾嶸의 시품詩品에서는 시는 "인민의 생활과 감정을 줄기로 하여 형식과 색깔을 물들여야 한다"고 주장한다. 또한 가장 오래된 작품집인 소통蕭統(501~531년)의 문선文選에서는 문장이란 "사실이 깊은 생각 속에서 뜻이 되고 그것이 다시 아름다운 문장 속으로 돌아와야 한다"고 주장한다.

"시는 인민의 고통을 알리는 것"이라고 단언한 두보杜甫(712~770년)를 비롯하여 오늘까지 민중의 가슴속에 살아남은 시인들의 시론 또한 그 맥을 잇고 있다.[3]

신영복은 동학혁명연구와 중국고전 특히 묵가사상 연구에 일가를 이룬 기세춘과 중국시가를 편역하면서 어느 때보다 행복한 시간을 보내었다. 동학同學과의 공동작업이고, 더구나 중국고전연구의 스승인 이구영과 민족문학작가회의 고문인 시인 김규동의 감수를 받았기 때문이다. 뜻 맞은 사람 4인의 피나는 노력과 열정으로 태어난 이 '선집'으로 하여 이 땅에서 중국 고전문학의 풍요로움을 맛볼 수 있게 되었다.

시대가 부패하고 쇠미해지면 시 또한 추상적인 것으로 변하여 민중으로부터 멀어진 사실은 동서고금을 막론하고 크게 다르지 않다. 그러한 말기적 시대에는 음풍농월의 시풍이 일어나고 형식주의와 유미주의를 핑계로 시는 민중을 외면한다. 이러한 부패한 시대에는 반드시 뜻있는 시인들이 일어나 시문혁신운동詩文革新運動을 일으켰다. 고문운동古文運動, 신악부운동新樂府運動, 시계혁명운동詩界革命運動 등이 바로 그것이다. 이러한 운동은 다름 아닌 시경의 정신으로 돌아가자는 운동이며 동시에 민중에게 다가서려는 운동이다.

애석하게도 우리나라에서는 지금까지 이러한 중국시가의 전통이 제대로 소개되지 못했다. 이조 500년 동안 정치적으로는 관료이며 경제적으로는 지주이며 사회적으로는 양반이며 문화적으로는 독서계급인 봉건 지배계층은 문자문화를 독점하고 민중의 삶과 고통을 반영한 시가를 배척하면서 자신들의 입장과 구미에 맞는 음풍농월만을 즐겼던 것이다.

따라서 우리들은 중국 고전시는 물론이고 모든 시가는 민중과는 동떨어진 한가한 양반들의 소일거리에 불과하다는 선입관을 가질 수밖에 없었다. 중국시가의 전통인 민중시나 민중의 노래[詞曲]는 시집에서 제외되고 묻혀버려 아무도 찾으려 하지 않았다.[4]

우리나라도 이 같은 풍조와 다르지 않았다. 이런 것을 바로 잡자는 것이 두 사람으로 하여금 이 책을 편역하게 한 배경이다.

'중국역대시가'에서 뽑은 6수六首

여기서는 방대한 분량의 '중국역대시가'를 일일이 소개할 겨를이 없고, 역시 필자의 '임의'로 몇 수를 골랐다. 또 원문은 생략하고 한글 번역본만 소개한다. 비교적 짧은 시를 골랐다.

쥐를 보라

쥐도 얼굴가죽이 있는데
사람이 어찌 법도가 없으랴
사람이 법도가 없다면
살아서 무엇하리요

쥐도 이빨이 있는데
사람이 어찌 절조가 없으랴
사람이 절조가 없다면
살아서 무엇을 바라리요

쥐도 지체로 나뉘었는데
사람이 어찌 분별이 없으랴
사람이 분별이 없다면
죽는 것만 못하리.[5]

님의 옷깃

푸른 선비옷 입은 님의 모습

님 생각에 젖어 설레는 내 마음

나는 비록 찾아갈 수 없어도

님은 어이 편지 한 장 없으시나요

푸른 패옥 드리운 님의 모습

님 생각에 젖어 설레는 그리움

나는 비록 찾아갈 수 없어도

님은 어이 오시지 않으시나요

안절부절 서성이다가

성터 누각에 올라봅니다

하루만 못 뵈어도

석 달인 듯하옵니다.[6]

하루살이

하루살이 깃이던가

그대들 옷은 곱지만

내 마음을 근심뿐

우리는 어디가서 살까

하루살이 날개던가

그대들 옷은 화려하지만

내 마음은 근심뿐

우리는 어디 가서 쉴까

웅덩이의 하루살이던가

그대들 삼베옷은 백설 같지만

내 마음은 근심뿐

우리 백성 어디로 가야 해방될까.[7]

풀은 시들고

어떤 풀이든 시들지 않으리요

어느 날에 행역이 없으리요

어느 누가 행역을 피하리요

사방에 전쟁이요 부역이라오

어떤 풀이 마르지 않으리요

어느 누가 홀아비가 아니리요

슬프다 나는 군인이 되어

어찌 악한 백성이 되었는가

들소나 호랑이도 아닌데

나는 광야를 헤매야 하나

슬프다 나는 군인이 되어

아침저녁 쉴 틈이 없구나[8]

하늘이여

하늘이여

그대를 사랑하는 내 마음

영원히 변치 않으리

산이 평지가 되고

강물이 마르고

겨울에 천둥이 치고

여름에 눈이 내리고

하늘과 땅이 맞붙는다면

그렇다면 혹시

그대와 헤어질 수도 있겠지.[9]

그리운 님아

높은 누대에 쓸쓸히 바람 불고

아침햇살이 북쪽 숲을 비춘다

만리 밖 떠나는 님아

강호는 멀고 또 깊어라

떠도는 배는 언제 멈추려나

이별의 아픔 견디기 어려워라

외기러기 남쪽으로 날아가며

지나는 뜰마다 슬피 우는구나

가슴속에 간직한 그리운 사람

멀리 소식 좀 전해다오

홀연 네 모습조차 보이지 않으니

훨훨 날아가는 너까지 나를 슬프게 하는구나.[10]

13장

역사 현장에서
띄운
엽서

'국토와 역사의 뒤안길에서 보낸 엽서'

신영복은 결혼을 하고 이듬해인 1990년 아들이 태어나고 그리고 성공회대에 자리가 잡히고, 직접 쓴 책이나 번역서와 서화전이 모두 좋은 반응을 보이는 등 차츰 안정된 생활을 하게 되었다. 집필하고 강의하는 데 지장이 없을 만큼 건강도 많이 회복되었다.

1995년 『중앙일보』는 그에게 제안을 하였다. 국내 여행기를 써 달라는 요청이었다. 그렇지 않아도 옥중에서 그려보던 곳, 찾고 싶었던 '역사현장'이 많았다.

1995년 11월부터 이듬해 8월까지 24회를 '국토와 역사의 뒤안길에서 보내는 엽서'라는 부제를 달고 국토기행이 연재되었다. 일간지가 국내 여행기를 1년여 동안 연재하기는 드문 일이었다.

이번 글은 주제를 먼저 정한 다음 그러한 주제를 잘 담고 있다고 생각되는 대상을 찾아가는 순서였습니다. 그러나 직접 가보고 나서야 대상 선정이 잘못되었다는 것을 알고 되돌아온 경우도 많았습니다.[1]

신영복이 찾아간 곳을 연재 순서대로, 제목을 적으면 고향 밀양의 「얼음골 스승과 허준」, 파주의 「반구정과 압구정」, 태백산맥 속의 「소광리 소나무숲」, 강원도 「허난설헌 무덤」, 강원도 「백담사의 만해와 일해」, 전북 「모악산의 미륵」, 강원도 「하인리의 저녁노을」, 제주도 「이어도의 아침해」, 서울 「북한산의 사람」, 「천수관음보살의 손」, 화순 「잡초에 묻힌 초등학교」, 단양 「온달산성의 평강공주」, 영월 「단종의 유배지 청령포」, 수능을 치른 학생들에게 「새 출발 전에 선 당신에게」, 거제 「한산섬의 충무공」, 영남 「가야산의 최치원」, 산청 「남명 조식을 찾아서」, 「섬진강 나루에서」, 영천 「백흥암의 비구니 스님」, 양평 「석양의 북한강에서」, 강릉 「강릉 단오제에서」, 광주 「평등의 무등산」, 이천 「이천의 도자기 가마」, 부여 「꿈꾸는 백마강」, 파주 「철산리의 강과 바다」 이렇게 나열할 수 있다.

스물다섯 회의 탐사기행이 끝난 뒤 도서출판 돌베개는 1996년 9월 『나무야 나무야』라는 제목을 붙여 단행본으로 묶어냈다. 작가가 직접 그림을 그리고 신문연재 때 동행한 이승혁 씨의 사진도 실어서 책의 내용을 더욱 알차게 하여 간행하였다. 저자가 책머리에서 "옥중에서 검열을 두고 엽서를 적을 때와 비슷한 마음이 되기도 하였다"고 밝히고 있을 만큼, 이 기행문도 군소리 하나 없는 "유려한 사색이 담긴 새로운 산문체를 선보인다."²

신영복은 첫 기행지로 자신의 고향인 밀양 얼음골을 택한 배경을 밝힌다.

> 내가 20년의 징역살이와 7년의 칩거 후에 가장 먼저 찾아온 곳이 이곳 얼음골이라는 사실이 내게도 잘 설명이 되지 않습니다. 갇힌 사람들에게 '출소'의 가장 큰 의미는 '독보獨步'입니다. 혼자서 다닐 수 있는 권리를 그곳에서는 '독보권'이라 하였습니다. 가고 싶은 곳에 혼자서 갈 수 있다는 것은 참으로 가슴 설레는 해방감이었습니다.³

신영복은 이런 사연으로 하여 첫 행선지로 얼음골을 찾았지만, 내용은 예의 '고향찬가'나 풍속기행과는 거리가 멀었다. 예컨대 이런 식이다.

> 어둠에 묻혀가는 얼음골 위로 석양을 받아 빛을 발하고 있는 암봉巖峰이 문득 허준의 얼굴처럼 보이기도 하고 스승 유의태의 얼굴처럼 다가오기도 합니다.
>
> 『동의보감』의 찬술을 명한 왕의 교서에 다음과 같은 구절이 있습니다.
>
> "우리나라에서 많이 나는 약재를 자세하게 적어서 지식이 없

는 사람, 가난한 사람들도 쉽게 이해할 수 있고 누구나 병을 고칠 수도 있도록 하여야 한다.”

이 글에 나타난 민족의식과 백성들에 대한 애정은 선조왕의 것이 아니라 허준의 마음이고 허준을 가르친 스승의 뜻이라고 생각됩니다.

『동의보감』의 찬술 자체가 허준의 기획이었고, 허준의 집필이었음에 틀림없다고 할 수 있습니다.[4]

조명은 교수(성공회대)는 신영복의 『나무야 나무야』를 읽고 대단히 강렬한 논평을 한다.

저자는 뛰어난 역사의식과 창의적인 상상력으로 방문지마다 그곳에 새겨진 역사를 통시적으로 재현하여 역사 속의 인물들과 저자 자신 그리고 독자가 함께 만나는 공간을 만든다. 밀양의 얼음골에서는 민생의학의 기초를 위해 자신의 시체를 해부학적으로 한 유의태와 그 옆에 꿇어앉아 준엄한 유의遺意를 받드는 제자 허준을, 영월 청령포에서는 어린 아이에 불과한 단종이 정치의 희생양이 되어 사약을 받는 비극을 어린 시절 저자의 안타까웠던 마음으로 재창조하며, “평강공주와 함께 온달산성에 오른” 저자는 그곳에서 움직이지 않던 장군의 시신이 공주의 사랑의 손길로 움직이는 기적을 단 한 문장으로 우리 앞에 그려 보인다.[5]

신영복이 그리는 '단 한 문장'은 이러하다.

> 완고한 신분의 벽을 뛰어넘어 미천한 출신의 바보 온달을 선택하고 드디어 용맹한 장수로 일어서게 한 평강공주의 결단과 주체적 삶에는 민중들의 소망과 언어가 남겨 있기 때문입니다.
>
> 이것이 바로 온달설화가 당대 사회의 이데올로기에 매몰된 한 농촌청년이 우직한 충절의 이야기로 끝나지 않는 까닭이라고 생각됩니다. 인간의 가장 위대한 가능성은 이처럼 과거를 뛰어넘고 사회의 벽을 뛰어넘어 드디어 자기를 뛰어넘는 비약에 있는 것이라고 할 수 있기 때문입니다.[6]

'사색'과 쌍벽이룬 '나무야 나무야'

신영복의 옥중 서간집 『감옥으로부터의 사색』이 제명 그대로 감옥에서 보낸 엽서라면, 『나무야 나무야』는 '감옥 밖에서 쓴 엽서'이다. "저자가 재현하는 역사는 고정된 단면성의 틀을 벗어나 내면의 모순과 대립양상을 띤 복잡한 유기체로 나타나"[7]기 때문이다.

『나무야 나무야』는 스물다섯 편의 글 중 어느 한 편도 소홀히 다루지 않았다. 그래서 놓치기 아까운 내용들이다. 『감옥으로부터의 사색』과 쌍벽을 이룬다. 경어체의 서간문 형식으로 쓰여서 글 전체를 부드럽게 하는 면도 없지 않지만 "사물의 본질과 역사의 핵심을

왼쪽은 『나무야 나무야』(1996). 오른쪽은 『더불어숲』(1998). 사진은
개정판 표지(돌베개).

뚫어보려는 저자의 노력은 평면적인 시각보다는 입체적인 시각으
로 역사와 삶을 보게 하기"[8] 때문이다.

여기서는 158쪽에 담은 '엽서' 중에서 임의로 몇 대목을 골라 소
개한다. 발췌한 대목은 필자의 '임의' 임을 밝혀둔다.

비극은 그 아픔을 정직한 진실로 이끌어줍니다(허난설헌의 무덤)

자기의 시대를 고뇌했던 사람에 대한 평가는 그 시대가 청산
되었는가 아닌가에 따라서 당연히 달라질 수 밖에 없다는 당신의
말이 옳습니다.

역사의 진실은 항상 역사서의 둘째권에서 다루어지기 때문입
니다.

그러나 오죽헌을 들러 지월리에 이르는 동안 적어도 내게는

우리가 역사의 다음 장을 살고 있다는 사실이 문득 의심스러워집니다.

시대의 모순을 비켜간 사람들이 화려하게 각광받고 있는 우리의 현재에 대한 당신의 실망을 기억합니다. 사임당과 율곡에 열중하는 오늘의 모정에 대한 당신의 절망을 기억합니다. 단단한 모든 것이 휘발되어 사라지고 디즈니랜드에 살고 있는 디오니소스처럼 '즐거움을 주는 것' 만이 신격의 숭배를 받는 완강한 장벽 앞에서 작은 비극 하나에도 힘겨워하는 당신의 좌절을 기억합니다.[9]

일몰 속에서 내일의 일출을 바라봅니다(하일리의 저녁노을)

그러나 지금은 여기저기 아름다운 러브호텔이 들어서고 횟집의 유리창이 노을에 빛나는 강화에서 막상 이들의 묘소와 유적들은 적막하기 짝이 없습니다.

한구대가韓九大家 한 사람으로 당대의 가장 냉철한 지식으로 꼽히던 영재 이건창의 묘소에는 어린 염소 한 마리만 애잔한 울음으로 나를 바라볼 뿐이었고 가난한 사제를 털어 세웠던 계명의숙啓明義塾은 황폐한 터만 남아 조국광복에 몸을 던져 만주로 떠나기 전 이곳을 찾았던 독립투사들의 모습을 더욱 처연히 떠올리게 합니다.

마니산의 도토리나무는 지금도 강화 벌판을 내려다보면서 풍년이 들면 적게 열리고 흉년이 들면 많이 열린다고 합니다. 아마

도 곤궁한 이들의 생계를 걱정하여 그 부족한 것을 여투어주려는 배려였는지도 모릅니다.[10]

빼어남보다 장중함 사랑한 우리 정신사의 '지리산'(남명 조식을 찾아서)

산천재 마루에 앉아서 지리산을 바라보고 있으면 장중한 지리산의 자태가 바로 크게 두드리지 않으면 열리지 않는 민중적인 재야성在野性이라는 것을 깨닫게 됩니다.

그러나 크게 두드리는 민족사의 고비에는 마치 지리산이 문을 열고 걸어나왔던 것처럼 남경의 제자들은 몸을 던져 그 의義를 몸소 실천하였습니다. 재야의 요체는 한마디로 이러한 진퇴의 중후함이라고 생각됩니다.[11]

역사는 과거로 떠나는 여정이 아니라 현재의 과제로 돌아오는 귀환입니다.(꿈꾸는 백마강)

나는 비내리는 백마강을 오르내리며 당신이 가지고 오라던 상상력이 어떤 것이었는지를 알 것 같았습니다. 남아있는 유적들을 조립하여 과거를 복원하는 상상력이 아니라 그 과거의 모습으로부터 현재를 직시하고 현재의 연장선상에서 미래를 향하여 시야를 열어나가는 상상력임을 깨닫게 됩니다.

유유히 흐르는 백마강 물길도 겉으로 보기에는 잠든 듯 무심하지만 말없는 강물을 따라 흘러가보면 수많은 민초들의 한恨을

알알이 작은 금모래로 부수어 굽이굽이 백사장에 갈무리해두고 있음을 알 수 있습니다.[12]

강물의 끝과 바다의 시작을 바라보기 바랍니다.(칠산리의 강과 바다)
바다는 가장 낮은 물이고 평화로운 물이지만 이제부터는 하늘로 오르는 도약의 출발점입니다. 자신의 의지와 자신의 목표를 회복하고 청정하늘의 흰구름으로 승화하는 평화의 세계입니다. 방법으로서의 평화가 아니라 최후의 목표로서의 평화입니다.[13]

아호 '쇠귀'와 무종교주의

신영복은 출소 뒤에 부모님과 함께 서울 우이동에서 살았다. 그래서 아호를 마을 이름에서 땄다. 옛 선비들이나 현대의 문인·정치인들은 특별한 경우가 아니면 자기가 사는 마을 이름을 아호로 쓴다.

신영복은 그림과 글씨에 한글로 아호를 쓸 때는 '쇠귀'라고 쓰고, 한자로 쓸 때이면 '牛耳'라고 썼다. 일반적으로 '쇠귀'를 많이 사용하였다. 쇠귀는 소의 귀를 뜻하지만, 긍정적인 의미보다 "쇠귀에 경 읽기"라는 속담이 있듯이 둔한 사람을 일컫기도 한다. 하지만 신영복의 아호로는 적격이다. 우둔한 듯한 사람이 대각大覺한 인물이 적지 않았듯이 그도 그랬다.

신영복은 대학원 시절 위경葦經이란 필명을 사용하였다. 스승이

지어주었다.

　　최문환 학장께서 지어 주셨습니다. 제 이름이 너무 흔하고 운치가 없다고 하시면서 필명으로 사용하라고 했습니다. 공소장에는 '가명'이라고 기재되어 있지요. 저희 선조 할아버지 가운데 외자로 위緯 자를 쓰는 분이 있는데 호를 자하紫霞라 하지요. 선생님 말씀이 위緯 보다는 경經이 더 높은 자니까 외자 이름으로 경經 자를 쓰라고 하셨어요. 그러면 결국 신경申經이 되는데, 다른 사람들이 신경 쓰지 않겠느냐고 말씀드렸더니, 갈대 위葦 자를 한 자 더 넣어 주시면서 파스칼이 인간을 '생각하는 갈대'라고 했잖느냐고 하셨습니다. 신위경申葦經으로 발표된 글도 있습니다.[14]

　긴 옥살이를 하느라고 '위경'이란 아호를 쓸 지면이 없었다. 그래서 이 아호는 그냥 사라져버리고 말았다. 신영복은 기교를 모르는 학인이고 문장가이다. 그의 아호 쇠귀와 걸맞는다. 소는 모든 짐승 가운데 가장 우둔한 듯하지만 가장 선하고 유용한 가축에 속한다. 소의 귀는 얼마나 선한 모습인가. 그는 소를 무척 좋아하였다.

　　꿇어 앉은 소가 밤새 씹고 있는 것은
　　칠흑 같은 외로움인지도 모릅니다
　　끊을 수 없는 질긴 슬픔입니다.[15]

신영복의 모습과 겹치는 구절이다.

그는 한때 목수를 동경하였다. '제2기 대학 시절'에 나이 든 동창생 목수가 그리는 집을 보고서였다.

> 노인 목수가 그리는 집 그림은 충격이었습니다.
> 집을 그리는 순서가 판이하였기 때문입니다.
> 지붕부터 그리는 우리들의 순서와는 반대였습니다.
> 먼저 주춧돌을 그린 다음 기둥, 도리, 들보, 서까래….
> 지붕을 맨 나중 그렸습니다.
> 그가 지붕을 그리는 순서는 집을 짓는 순서였습니다.
> 일하는 사람의 그림이었습니다.[16]

"우리 시대의 가장 첨예한 모순의 한 복판을 체험"한 그는 특정 종교를 갖지 않으면서도 수도사 같은 풍모가 보인다. 그렇다고 종교적인 엄숙주의를 말하는 것이 아니다. 용서와 화해, 관용과 이해심 그리고 포용력을 말한다.

> 나는 성공회교회에 나오라는 권유를 받아본 적이 없다. 나는 비교적 유교적 분위기 속에서 유년시절을 보냈기 때문에 기독교를 받아들이기가 쉽지 않았다. 교도소에서 가장 많은 책이 성경책이고 종교중심의 교화가 이루어지고 있어서 종교에 대해 생각하게 되는 계기도 많았다.

그러나 종교를 받아들인다는 것은 엄두가 나지 않았다. 그것은 내가 지금까지 구사해 온 나의 모든 개념을 다시 재정립하는 일이기도 했다. 이를테면 벽돌을 전부 바꾸고 집을 다시 지어야 하는 엄청난 일이 아닐 수 없었다.

그것은 믿음의 문제를 떠나서 현실적으로 불가능하다는 사실도 깨닫게 되었다. 종교에 대한 이러한 생각에 대하여 학교나 성공회교회를 대단히 관용적이었고 그것이 나 개인에게뿐만 아니라 성공회대학의 교육 이념을 새롭게 정립해 나갈 수 있는 열린 공간을 보장해 준 셈이다. 이 점이 또 매우 마음 편하다.[17]

신영복은 천주교 신부와의 대담에서 "저는 불제자도 기독교도 아닙니다. 이것은 제가 '믿는다'는 사고 형식에는 다소 서투르기 때문입니다."라는 이 기록을 바탕으로 "불교든 기독교든 아무 관계없이 믿는다는 그 자체는 어떻게 보느냐"는 질문을 받고 답한다.

믿게 되는 과정은 생략되고 일종의 믿는다는 사고 행위 자체는 어떤 비약의 단계가 있는 것같이 생각됩니다. 제 경우에는 믿는다는 것 보다는 이해한다는 쪽이 오랫동안 제 사고의 기본적인 패턴에 바탕이 되고 있어서 그런 구절을 써 놓았습니다.[18]

'더불어 사는 세상' 일궈

신영복의 생활신조는 '대인춘풍 지기추상待人春風 持己秋霜'이다. 다른 사람에게는 봄바람처럼 부드럽고 자신에게는 가을 서리처럼 엄격하다는 의미다. 조선시대의 참선비들이 그랬다. 물론 선비 중에도 권위와 학식을 내세우며 오만무례한 사람이 있었듯이 현대의 지식인들도 다르지 않다.

신영복은 달랐다. 청구회 꼬마들과 어울리던 그런 마음과 자세가 30년이 지나 50대의 중반을 넘으면서도 바뀌지 않았다. 타인에게는 한없이 부드러운 대신 자신을 지키는 데는 엄격하기 그지없었다.

『나무야 나무야』가 신문에 연재되면서 1996년 봄부터 '목동 파리공원 모임'이 결성되고, 한 지지자가 홈페이지 '더불어 숲'을 만들어 기증하면서 온라인을 통해서도 다양한 곳에서 작은 숲을 일구던 '나무'들과 만날 수 있게 되었다.

모임 '더불어 숲'을 주위 사람들에게 설명하기란 쉽지 않습니다. 때론 신영복 독자 팬클럽이 아니냐는 오해도 있었고 여느 모임처럼 성격이 명확하지 않아서 떠난 사람도 있었지만, 오히려 그래서 더욱 만남의 '과정'을 중시하고 인간적인 만남으로 채워나갈 수밖에 없었지 않았나 싶습니다.[19]

신영복의 신조가 '대인춘풍 자기추상'이라면 실천철학은 '더불어 숲'이 아닐까 싶다. 그 자신이 한 그루 나무이기를 자처하고, 나무 하나는 연약하지만 더불면 숲이 되고, 도벌꾼들이 휘두르는 도끼의 자루가 되지 말자는 철학이었다. 그래서 민초들의 소중함을 역설하고 변방정신과 밑바닥의 세심世心을 높이 샀다.

그렇다고 정제된 언어에 부드럽고 유연한 아포리즘이나 담는, 세련된 에세이스트가 그의 실체는 아니다. 청년시절부터 꿈꾸었던 변혁에 대한 이상은 출소 이후 한 시도 버리지 않았다.

다만 정치조직이나 사회단체 대신 무명의 '나무'들에게 생명력을 불어넣어주고 일깨워서 숲을 이루고자 하였다. 그리고 직접 쓴 많은 글에서 역사의지를 살리고 현실개혁의 당위를 제시하면서 타락한 권력을 비판한다.

　　해 저무는 청령포의 화두話頭는 한 어린이의 무고한 죽음입니다. 그리고 전권쟁탈의 잔혹함입니다. 정政은 정正이고 권權은 균형이라고 하였습니다.

　　그러나 청령포에서 바라보는 정치는 결코 그런 것이 아닙니다. 정치는 정권을 바라고 정권은 재부財富의 경영과 세습을 향하여 나아간다는, 믿고 싶지 않은 당신의 글을 다시 읽게 됩니다. 금金 없이 권權이 설 수 없고 권權 없이 금金이 재생산 될 수 없기 때문에 금권의 야합과 세습, 그것은 고금을 통하여 변함없이 정치적 주체라 하였습니다. 민생民生의 철학은 그것의 방편에 불과한 것

일지도 모릅니다.[20]

단종의 유배지 청령포에서 20년도 더 지난 날에 쓴 글이 오늘 이명박·박근혜 정권의 정경유착과 정보기관의 타락상을 그대로 보여준다. 그래서 좋은 글을 시공時空을 초월하여 항상 현재성을 갖게 되는 것이다.

신영복은 '더불어 숲'의 일원이고자 했다. 결코 그는 20년 감옥 바위의 '낙락장송'이거나, 군사독재와 부패권력에서 한 발 비켜 선 '독야청정'이나 '오상고절'이기를 바라지 않았다. 오히려 민초들과 어울리고 부딪기고 함께 숨 쉬면서 동무가 되었다. 술집에서 어울리면 〈냇물아 흘러흘러〉를 부르고 강연 요청이 있으면 청탁을 가리지 않았다.

그의 실천철학은 원효를 닮았고, 청렬한 기개는 남명을 닮았고, 자유혼은 허균을, 시혼은 만해를 닮았다면 과평일까. 닮은 것이 곧 동격은 아니다.

한 그루 나무가 되라고 한다면 나는 산봉우리의 낙락장송보다 수많은 나무들이 합창하는 숲속에 서고 싶습니다.

한 알의 물방울이 되라고 한다면 나는 바다를 선택하고 싶습니다.

가장 많은 사람들이 모여 사는 나지막한 동네에서

비슷한 말투, 비슷한 욕심, 비슷한 얼굴을 가지고 싶습니다.[21]

차이를 존중하고 다양성을 포용하는 공존의 철학이 화和입니다.

화이부동和而不同은 공존과 평화의 논리입니다.[22]

신영복은 '더불어 숲'을 생활화하였다. 성공회대 교수진과 함께 '더숲트리오'를 구성하고, 동명의 친목단체가 만들어지고, 해외여행기의 책이름으로도 썼다.

'새로운 세기' 찾는 세계여행

신영복의 국토와 역사 탐방기가 공전의 인기를 얻게 되면서『중앙일보』는 다시 한 번 파격적인 제안을 하였다. 세계의 역사 현장을 찾아서 20세기를 되돌아보고 21세기를 전망하는 '새로운 세기를 찾아서'를 기획한 것이다.

20년의 감옥, 출소 후에도 여러 가지 굴레에서 그는 해외여행의 기회가 주어지지 않았다. 아직 가석방 상태였지만 그나마 김영삼의 문민 정부여서 신문사가 주최한 그의 해외탐방이 가능했다. 신영복은 자신의 경제력으로는 감당하기 어려운 '세계의 역사현장'을 찾는 기회를 활용하기로 하였다. 신문연재라는 부담이 따랐지만, 국내에는 여전히 그를 좋아하고 배우고자 하는 사람이 많아서 연재를 통해 '더불어 숲'이 될 수 있다고 생각하고 여행준비를 서둘렀다.

착실한 준비 끝에 1996년 말부터 1년여 동안 8차례에 걸쳐 지구촌 23개국 47개 유적지 및 역사현장을 탐사하고, 세기 말 전환기에 처한 인류문명의 나아갈 길을 나름대로 모색하였다. 해외 탐방기를 '새로운 세기를 찾아서-신영복의 해외엽서'라는 타이틀로 1년여 동안 『중앙일보』에 연재되고, 1998년 6월 상·하 두 권을 『더불어 숲』의 제목으로 중앙 M&B출판에서 간행되었다. 그리고 초판이 30쇄 이상 매진되는 인기를 얻고, 2003년 4월 같은 출판사에서 개정판을 합본으로 재간행하였다. 책은 꾸준히 새주인을 찾았다.

신영복은 개정판 합본의 서문 「더불어 숲이 되어 지키자」에서 역사탐사의 취지를 말한다.

20세기가 저물어가고 새로운 백년, 그리고 새로운 천 년이 시작되는 전환기를 맞이하여 많은 사람들이 지나간 과거를 되돌아보고 다가올 미래를 전망합니다. 이 글들도 기본적으로 그러한 성격을 띠고 있습니다.

과거의 무게와 미래의 가능성을 짚어보고 새로운 미래가 과거로부터 얼마나 자유로울 수 있는가에 대하여 생각했습니다. 그리고 우리가 지향해야 할 미래에 대하여 생각했습니다. 그러나 미래의 가능성을 전망하는 것은 물론이고 과거의 의미를 성찰하는 것역시 쉬운 일이 아님을 절감하였습니다.

여행을 끝내고 나서 더 절실했습니다. 돌이켜보면 그러한 언설들을 객관적 전망과 관련된 부분에서도 나의 주관적 소망에 기

울어 있는 경우가 많았습니다. 앞으로도 그것이 짐으로 남을 것입니다.[23]

많은 사람이 해외여행을 떠나고 또 각계 명사들이 해외여행기를 쓴다. 특히 일부 인사들은 며칠 동안 세계 명승지를 다녀와서, 그야말로 주마간산격의 여행을 하고는 여행기를 책으로 펴낸 '용기'를 보인다. '명사'의 이름값으로 더러 책이 팔리기도 한다.

신영복은 떠나기 전에 철저한 준비를 하였다. 23개국 47개 유적지를 꼼꼼히 선정하고 새로 공부를 하였다. 감옥에 있을 때부터 가보고 싶었던, 세계의 역사현장을 21세기를 앞둔 시점에서 살피고자한 것이다.

신영복이 찾은 곳은 콜럼버스가 첫 출항한 우엘바 항구의 산타 마리호, 스페인의 전사자 계곡, 그리스의 수도 아테네 마라톤 평원, 아테네의 디오니소스극장, 이스탄불의 소피아 성당과 블루 모스크, 인도의 힌두교성지 갠지스강, 인도의 간디 유적지, 네팔의 수도 카트만두, 베트남의 호치민시, 일본의 후지산, 중국의 만리장성, 러시아의 상트페테르부르크, 폴란드의 아우슈비츠, 독일의 베를린 장벽, 영국 런던의 타워브리지, 프랑스혁명의 진원지 콩코드광장, 이탈리아의 로마, 이집트의 피라미드, 킬리만자로의 표범, 아프리카의 희망봉과 로벤 섬, 브라질의 상파울루, 페루의 나스카, 멕시코의 국립대학, 미국의 동부, 미국의 할리우드, 멕시코의 마야와 아스테카문명, 페루의 잉카제국의 수도 쿠스코, 잉카 최후의 도시 마추

픽추, 브라질의 아마존, 모스크바의 크렘린, 복지국가 스웨덴, 예술의 도시 파리, 스페인의 몬드리곤 생산자 협동조합, 오스트리아의 빈에서 잘츠부르크, 이탈리아의 베네치아, 그리스의 아크로폴리스, 터키의 실크로드 종착지 이스탄불, 터키의 사마춤과 카파도키아, 인도의 칼커타, 인도의 부디가야 보리수, 히말라야의 산기슭, 베트남의 하노이, 일본의 가나자와金澤대학, 중국의 양쯔강, 중국의 태산과 곡부와 황하의 순이었다.

신영복의 여행기를 신문 연재와 복사본, 단행본 등으로 네 번 읽었다는 홍윤기(동국대) 교수는 말한다.

> 내가 『더불어 숲』을 다시 읽을 때마다 언젠가는 꼭 하고 싶었던 일은 책의 저자인 신영복 선생이 한 편 한 편의 완성도를 높이기 위해 고도로 응집시킴으로써 수많은 독자들의 감동을 자아냈던 바로 그 글들의 구성요인을 하나하나 해체해 다시 읽어냄으로써, 바로 이 세기 경영을 위한 아젠다를 내 나름대로 성찰해서 정리한 것이다.[24]

14장

동양고전
강의를
책으로

'동양고전강의' 묶어 책 펴내

　명불허전名不虛傳, 명예나 명성이 헛되어 퍼진 것이 아니라는 뜻
이다. 퍼질 만한 까닭이 있기 때문이다. 성공회대학의 좁은 공간에
서 진행된 신영복의 동양고전 강의는 입소문을 타고 곧 사방으로
퍼졌다.

　여기에는 KBS가 1999년 12월 '신영복 교수의 20세기 지구 마지
막 여행'(10월 말부터 35일 동안 10개국 30여 곳을 기행)을 방영하면서 그
에 대한 관심이 증폭되고, 따라서 '강의'에 대한 전파력도 더욱 확
산되었다. 또한 인터넷 신문『프레시안』이 2001년 9월부터 2003년
4월까지 166회에 걸쳐 '신영복 고전강독'을 연재하였다.

　신영복은 감옥에서 세계여행으로, 대학 강단에서 신문과 방송
으로 활동반경이 크게 넓어지고 글과 강의에 공감하는 사람이 날로

많아졌다. 가수에 '국민가수', 탤런트에 '국민배우'가 있듯이, 그는 '국민교수'의 반열에 올랐다.

2000년 3월에는 성공회대학교 민주사회교육원 원장에 취임하여 김동춘·박경태 교수와 함께 노동대학 1기를 출범시키고, 2002년 2월에는 동아시아문화 공동체 포럼 대표를 맡았다. 이어서 2004년 3월에는 성공회대학원장을 맡아 학교경영의 일익이 되었다. 원장 재직 시에 대학원의 위상이 크게 신장세를 보였다.

한 세기가 바뀌고 새천년이 시작되는 2000년에 그는 60세를 맞았다. 출소한 지 12년, 사면복권된 지 2년이 지난 시점이다. 강의와 학교 업무와 강연 등으로 분주한 나날이 이어졌다. 여러 언론 매체와 인터뷰하는 일도 많아졌다.

이 무렵 신영복의 학문적 성과는 성공회대에서 강의한 동양고전 강독을 다듬어서 언론에 연재하고, 이것을 다시 손질하여(돌베개에서) 엮은 『(나의 동양고전 독법) 강의』(이하 강의)라 하겠다.

앞서 간행된 여러 저서가 옥중기와 여행기, 산문집이라면 이번에 출간된 『강의』는 그가 평생을 두고 절차탁마한 학문연구의 결실이다. 배병삼 교수는 "절망의 강을 건너 본 사람들의 글은 깊고 온유하다. 외골수의 쇳소리가 아니라 겹겹으로 쌓인 삶의 진실을 꿰뚫는 그윽한 눈길이 깃들여 있다. 저 멀리로는 사마천의 『사기』가 그러했고 또 다산의 글이 그러한데, 『강의』 역시 그러하다. 부드럽고 강직하되, 옛것을 논하되 미래로 난 길을 가리키는 팽팽한 긴장이 책 전체를 감싸고 있다."[1]라고 쓰고 있다.

신영복은 20년 세월을 감옥에서 세상 사람들과 단절한 대신 동양고전의 우뚝한 인물들과 널리 사귀었다. 이들과 사귀는 데는 노촌 이구영 선생의 안내와 지도도 큰 몫을 하였다.

『강의』(2004)

이 책은 1장 서론, 2장 오래된 시詩와 언言, 3장 주역, 4장 논어, 5장 맹자의 의義, 6장 노자의 도와 자연, 7장 장자의 소요, 8장 묵자의 겸애와 반전 평화, 9장 순자, 유가와 법가 사이, 10장 법가와 천하통일, 11장 강의를 마치며 등으로 구성되었다.

그의 동양고전 탐사는 '과거로의 향수'가 아닌 미래로 가기 위한 새로운 해석과 가치를 찾는 탐사 작업이었다.

나는 21세기 담론 그것이 진정한 새로운 담론이 되기 위해서는 근대사회의 기본적 구조를 새로운 구성 원리로 바꾸어내고자 하는 담론이어야 한다고 생각합니다. 그렇지 않은 한 그것이 아무리 새로운 가치를 천명하고 있다 하더라도 조금도 새로운 담론이 못 된다고 생각합니다. 새로운 문명사적 담론은 근대사회의 기본적인 구성원리를 뛰어넘는 지점에서 모색되어야 마땅하지요.

그런 의미에서, 자본주의와 사회주의의 지양Aufheben을 통하여 21세기의 새로운 구성 원리를 모색하고 있다는 중국 모델에 대하여 언급하지 않을 수 없습니다. 자본주의와 사회주의의 조화와 지양에 의하여 과연 새로운 문명이 모색될 수 있는가, 그리고 그 것이 과연 근대성을 뛰어넘는 진정한 의미의 구성 원리인가에 대하여 논의가 있어야 합니다.[2]

신영복은 오랜 기간 동안 동양고전을 탐사하면서 선인들의 풀이나 주석에 매몰되지 않고 그 의미와 가치를 현재와 미래에 연결시키는 노력을 하였다. 무릇 모든 가치와 학문에서 현재성을 부여하지 않는다면 존재 의미를 부여받지 못할 것이란 해석이다.

그는 동양고전에서 가장 소중하게 배워야 할 미래의 가치를 화和의 논리라고 주장한다.

> 화和의 논리는 자기와 다른 가치를 존중합니다. 타자를 흡수하고 지배함으로써 자기를 강화하려는 존재론적 의미를 갖지 않습니다. 타지란 없으며 모든 타자와 대상은 사실 관념적으로 구성될 것일 뿐입니다. 문명과 문명, 국가와 국가 간의 모든 차이를 존중해야 합니다.
>
> 이러한 차이와 다양성이 존중됨으로써 비로서 공존과 평화가 가능하며 나아가 진정한 문화의 질적 발전이 가능한 것입니다. 가장 민족적인 것이 가장 세계적이라는 명제가 바로 이러한 논리라고 생각하지요.[3]

신영복의 『강의』에 대한 배병삼 교수의 '강론'의 한 대목이다.

동양사상 전반을 섭렵하여 일관되고 요령있게 꿰어낸 이 녹록지 않은 책이 실은 오랜 산지박괘山地剝卦를 설명하는 처지에서도 놓지 않은 희망에서 비롯된 것인듯해서 그렇다. 이런 체험과 또 실천이 없었다면 『강의』는 자신의 넓은 지식을 보여주는 데에서 그치고 말았을지도 모른다. 도덕주의, 관념주의, 개인주의로 주저앉기 심상인 동양사상을, 그리고 자칫 '구라'로 빠지기 쉬운 동양고전 강의를 옷깃 여미며 읽게 만드는 까닭도 여기서 비롯한다고 믿는다.[4]

'광세'를 연상케 하는 잠언

신영복이 집필한 『강의』에는 생애를 두고 읽어도 모자랄 동양고전이 고스란히 상재되었다. 모두 다 놓치기 아까운 대목이지만 여기에서도 필자의 '임의'로 몇 대목을 발췌한다.

모시毛詩에서는 "위정자는 이로써 백성을 풍화風化하고 백성은 위정자를 풍자諷刺한다"고 쓰고 있습니다. '초상지풍 초필언草上之風 草必偃', "풀 위에 바람이 불면 풀은 반드시 눕는다"는 것이지요.

민요의 수집과 『시경』의 편찬은 백성들을 바르게 인도한다는 정치적 목적을 가지고 있습니다. 한편 백성들 편에서는 노래로서 위정자들을 풍자하고 있습니다. 바람이 불면 풀은 눕지 않을 수 없지만 바람 속에서도 풀은 다시 일어선다는 의지를 보이지요.[5]

  『서경』, 『춘추』와 같은 기록문화는 후대의 임금들이 참고할 수 있는 사례집일 뿐만 아니라 그 자체로서 어떠한 제도보다도 강력한 규제 장치로 작용하리라는 것은 상상이 어렵지 않습니다. 이처럼 기록으로 남기는 문화 전통은 농경민족의 전통이라고 합니다. 농경민족은 유한한 공간에서 무궁한 시간을 살아가는 동안 과거의 경험이 다시 반복되는 구조를 터득하게 되고 결과적으로 과거에 대한 기록은 매우 중요한 문화적 내용이 됩니다.

  기록은 물론 자연에 대한 기록에서 시작합니다만 이러한 문화를 사회와 역사에 대한 기록으로 발전합니다. 2제 3왕의 주고받은 어록인 『시경』이 탄생되는 까닭이 그러하다고 할 수 있습니다.[6]

  우리가 지금 마주하고 있는 '온고이지신'溫故而知新이란 구절은 어디까지나 진보적 관점에서 읽어야 한다고 생각합니다. 과거와 미래를 하나의 통일체로 인식하고 온고溫故함으로써 새로운 미래新를 지향知할 수 있다는 의미로 읽어야 할 것입니다.

  이 구절은 대체로 온고 쪽에 무게를 두어 옛것을 강조하는 진거典據로 삼아 왔습니다. 그러나 이 구절은 온고보다는 지신에 무계를 두어 고故를 딛고 신新으로 나아가는 뜻으로 읽어야 할 것입니다. 더구나 온溫의 의미를 온존의 뜻으로 한정할 수는 없습니다. 때로는 단절이 온이 될 수도 있기 때문입니다.

옛것 속에는 새로운 것을 위한 가능성이 있는가 하면 반대로 변화를 가로막는 완고한 장애도 함께 있는 것입니다. 이것은 역사가 가르치는 것입니다.[7]

변혁기의 수많은 실천가들이 한결같이 경구로 삼았던 금언이 있습니다. "낯선 거리의 임자 없는 시체가 되지 마라"는 것이었어요. 운동론에서도 마찬가지입니다. 민중과의 접촉 국면을 확대하는 것, 그 과정을 민주적으로 이끌어 가는 것, 그리고 주민과의 정치 목적에 대한 합의를 모든 실천의 바탕으로 삼는 것, 이러한 것들이 덕불고德不孤 필유린必有隣의 원리에 다름 아니라고 생각합니다. 그것은 인간관계로서의 덕이 사업수행이 뛰어난 방법론으로서 검증되었다는 의미가 아니라, 그 자체가 삶이며 가치이기 때문에 귀중한 것임을 잊지 말아야 한다는 의미입니다.[8]

『서경』「탕서湯誓」에는 (백성들이 걸왕을 저주하는) 노래가 있습니다.

저놈의 해 언제나 없어지려나
내 차라리 저놈의 해와 함께 죽어버렸으면.

248

만약 백성들이 그와 함께 죽어 없어지기를 바랄 지경이라면 아무리 훌륭한 대와 못, 아름다운 새와 짐승들이 있다고 한들 어찌 혼자서 그것을 즐길 수 있겠습니까?

이것이 맹자의 유명한 여민동락與民同樂 사상입니다. 주자가 주를 달아서 강조하고 있듯이 '현자라야 즐길 수 있다賢者而後樂此'고 한 대목이 이 장의 핵심입니다. 현자는 여민동락하는 사람이라는 뜻입니다. 그리고 진정한 즐거움이란 여럿이 함께 즐거워하는 것이라는 말입니다.[9]

노자 철학에 있어서 무無는 '제로'(0)를 의미하는 것이 아닙니다. 인간의 인식을 초월한다는 의미의 무입니다. 그런 점에서 무의 의미는 무명無名과 다르지 않습니다. 유명有名의 경우도 마찬가지입니다. 이름이 붙는다는 것은 인간의 인식 안으로 들어온다는 것이지요. 식물의 경우도 잡초가 가장 자유로운 식물이라는 것이지요. 그런 점에서 무와 무명은 같은 범주에 속합니다. 유와 유명도 마찬가지입니다.

그러므로 우리는 무명을 붙여서 읽거나 무명을 이름 붙이기 전으로 해석하더라도 크게 다르지 않다고 할 수 있습니다. 섣부른 절충도 피해야겠지만 지나치게 차이에 주목하는 것도 옳은 태도는 못됩니다. 논의의 핵심을 놓치기 쉽기 때문입니다.[10]

빈 배로 흘러간다는 것이 바로 소요유입니다. 빈 배는 목적지가 있을 리 없습니다. 어디에 도달하기 위한 보행步行이 아닙니다.

삶이란 삶 그 자체로서 최고의 것입니다. 삶이 어떤 다른 목적의 수단일 수는 없는 것이지요. 이 점에서 장자는 자유의지를 극대화하고 있습니다. 그것이 관념적이라거나, 사회적 의미가 박약하다거나, 실천적 의미가 제거되어 있다는 비판은 『장자』를 잘못 읽거나 좁게 읽는 것이 아닐 수 없습니다.[11]

신영복의 책을 읽다보면 파스칼의 유고집 『팡세』를 연상케 한다. 문장 하나하나가 곧 잠언이고 경구로 읽히기 때문이다.

15장

노년에 남긴
향기와
울림

각계 인사들의 '신영복 함께 읽기'

신영복의 노년기는 한국사회가 점차 민주화의 시대가 열리면서 정서적으로나 이념적으로 갈등을 일으키지 않고 지낼 수 있었다. 김대중에 이어 노무현의 집권으로 완벽하지는 않아도 사회분위기가 군사정권 시대와는 크게 달랐다. 그는 2006년 6월 성공회대학에서 정년퇴임을 하고, 이후 사회과학부 석좌교수로 재임하였다.

이 무렵 모교인 서울대학교에서 입학식 축사를 하고, 성공회대학교 성당에서 고별강연을 하였다. 성공회대학에서는 2014년까지 사회과학부 석좌교수로 위촉하여 강의를 계속 맡게 되었다. 1989년 성공회대학과 인연을 맺어 강사에서 교수, 대학원장에서 석좌교수에 이르기까지 25년간 봉직하였다. 그는 출소 이후 공적생활의 대부분을 성공회대학에서 활동하였다.

서울대학교 입학식 축사 후 서울대학에서는 관악초청강연 프로에 초청하고, 강연내용을 『신영복(여럿이 함께 숲으로 가는 길)』이란 제목의 단행본을 2010년에 간행하였다.

2006년 8월 성공회대학에서 정년퇴임 콘서트를 열어주고 정년퇴임을 기념한 『신영복함께 읽기』가 출간되었다. 돌베개에서 간행한 이 책은 각계의

『신영복』(2010)

필자들이 그동안 여러 매체에 썼던 일종의 '신영복론'을 모은 것이다. 책의 구성은 다음과 같다.

1부 신영복을 읽는다

Ⅰ.끝나지 않은 사색-삶과 사유

1. 끝나지 않은 사색-신영복 사유의 흐름(김형찬), 2. 진보주의의 새로운 지평(김호기), 3. 사람을 거울로 삼는 구도자, 신영복-'증오의 정치'를 넘어서(강준만), 4. 신영복의 '60'년을 돌아본다(한홍구), 5. 그의 몸에 새겨진 한국현대의 역사, 그의 몸이 뛰어넘은 한국현대의 역사(조희연)

제자로부터 받는 아픔과 기쁨(이현재), 옛 스승들의 회고좌담(박문희·조홍범·박창기·박창희·서상호·신영복), 밀양 뒷동산에 올라(정풍송), 은린처럼 빛나던 시절(배진), 가난한 날의 벗-나의 50년 지기 신영복(김문식), 대하드라마의 제4막을 기다리며-상대 시절의 신영복(홍재영), '대학신문'을 빛낸 글 솜씨(윤흥렬), 물을 닮은 사람(신남휴), 시와 그림을 사랑한 문우회 선배(이해익), 40년이 지난 지금도 부르는 옛 노래(장명국), 청구회의 추억을 되살리며(김승광), 미네르바의 올빼미는 석양에 난다(김학곤), 청맥회의 추억(최양희), 살벌한 대전교도소, 그 시절이 그리운 이유(이승우), 세상의 가장 낮은 곳에서 맺은 사제의 연-이구영 선생님과의 인연(배기표), 시대의 어둠 속에서 빛을 만나다(문행주), 이랑 많이 일굴수록 쟁기날은 빛나고(황인욱)

(이하 생략)

신영복과 이런저런 인연을 맺은 사회 각계의 50여 명이 넘은 인사들이 쓴 『신영복 함께 읽기』는 신영복의 생애와 철학·사상을 집약한 소중한 기록이다. 기왕에 쓴 글도 있고 이 책을 준비하면서 새로 집필한 글도 있다.

2006년 〈신영복선생님의 출판을 귀하게 생각하는 모임(신출귀모)〉가 결성되고, 여기저기 흩어진 글과 연고 있는 인사들을 찾아 평가와 인연의 사연을 살피는 책이다. '신출귀모'를 대신하여 책의 머리말 「'처음처럼'의 의미를 되새기며」를 쓴 박경태 씨의 말.

문집준비를 시작하면서 저희들은 선생과 인연을 맺고 있는 사람들이 그렇게 많다는 사실에 매우 놀랐습니다. 20년의 징역살이 동안 모든 인간관계로부터 철저하게 단절되었던 선생께서 어쩌면 이렇게 많고 다양한 사람들과 깊은 인연을 맺고 계셨는지, 심지어 감옥이라는 지극히 비인간적인 공간에서 쌓은 관계조차 이렇듯 소중하게 유지되고 있다니……. 그분들 가운데 글을 쓸 사람을 선별하는 것 자체가 웬일인지 이 책의 기획의도에 어울리지 않는다는 생각이 들었습니다만, 책의 한정된 지면 탓을 할 수밖에 없었습니다.

결국 선생의 중요한 삶의 지점들을 잘 보여줄 수 있는 분들을 필자로 모시기로 했는데, 나중에 소문을 듣고 책에 참여하기를 원하셨던 분들을 모두 포함하지 못한 점은 못내 아쉬움으로 남습니다.[1]

대학교수들이 정년을 할 즈음이면 동료·후학들이 '문집'을 내는 것이 학계의 오랜 관행이다. 당연히 한정적인 필자가 참여할 수밖에 없다. 그런데 『신영복 함께 읽기』에는 각계의 다양한 인사들이 각각 전문가의 위치에서 신영복의 삶과 글과 책을 평가하고 인연을 소개한다. '서문'의 다음 대목을 살펴보자.

이 책은 신영복 선생을 거울로 삼고 닮아가려는 사람들이 만든 문집입니다. 각자 나무로 살다가 선생을 만나서 더불어 숲을 이룬

많은 사람들의 이야기이기도 합니다. 나이에서 징역살이 20년을 빼면 아직도 40대라고 웃으시는 선생께서는 대학에서의 정년퇴임을 수많은 일 중의 하나로 여기시지만, 숲은 이룬 나무들에게는 선생의 정년퇴임과 문집 출간이 '처음처럼'의 의미를 되새기는 시간이 됩니다.

이제 신영복 선생이 뿌린 씨앗들이 자라나 더 큰 숲을 이루게 되었습니다. 이 숲이 서로를 보듬고 손잡아주는 희망의 공간이 되기를 빕니다.[2]

청명 임창순 선생 학술상 수상

신영복은 2008년 3월 제3회 임창순학술상을 받았다. 우리나라에는 국가의 훈장도 여러 종류이고 각종 상도 헤아리기 어려울 정도로 많다. 훈장이 친일파나 군사독재와 그 부역자들에게 주어진 경우가 있고, 대학이나 각급 기관·단체에서 주는 상이 나눠먹기식으로 안배되어 꼭 받아야 할 사람은 피해간다는 비난도 없지 않다.

신영복에게 주어진 임창순학술상은 '주인'을 제대로 찾은 상이다. 청명 임창순(1914~1999) 선생은 한학자·역사학자·금석학자·서예가 등으로 활동하면서 사회적으로 존경을 받은 분이다. 1998년 재산을 출연하여 청명문화재단을 설립하고 '임창순상'을 제정하였다. 이 상은 저술과 번역을 비롯한 제반 학문활동을 통해 민족문화의 창의적 계발과 체계적 연구에 이바지하거나 평등·자유·인권의 실현과 통일·평화의 촉진에 학술 또는 실천으로 기여한 개인이나 단체에 수여한다.

신영복을 수상자로 결정한 심사위원은 임형택(위원장), 박원순·유초하·지은희·하영휘·한홍구 씨였다. 심사위원들은 "공자와 맑스를 절합한 따뜻한 분노와 냉엄한 어울림의 철학"을 들어 신영복을 수상자로 결정하였다. 수상 이유와 근거를 다음과 제시했다.

신영복의 삶과 학문·업적 등을 이해하는 데는 이만한 기록도 없을 것 같아서 전문을 살렸다.

> 신영복의 사상과 행적은 공자와 맑스를 버무려놓은 듯한 느낌을 줍니다. 이는 무엇보다 그가 인간됨의 본질적 내용을 관계론의 관점에서 규정한다는 점에서 그러합니다. 공자의 '인'仁은 일차적으로 '사람들'이며 '사람들 사이의 관계'입니다. 맑스의 '인간됨'은 원천적 의미에서 '유類적 공동성'으로서의 '자유'이며 현실적으로 '인류 수준으로의 수렴'을 지향합니다.
>
> '존재론을 넘어 관계론으로 나아가는' 신영복의 철학적 관점과 실천적 입장은 그 자신이 의식했건 아니건 간에 이들 두 사람의 사상과 그 기저에서 닮아 있습니다. 공자와 맑스는 '사랑과 분노의 철인哲人'들입니다.
>
> 그들은 인류의 보편적 행복이라는 공동선을 향한 사랑의 감성을 바탕으로, 불의에 대한 척결의지를 실현하고자, 각자가 인식한

현실에 맞춘 사회변혁의 청사진을 그렸습니다.

　신영복은 앞선 성현들의 사상을 약간씩 적정화moderate한 '연대와 수용의 사상가'가 아닐까 합니다. 살아가는 사람들을 예외 없이 포괄하는 '유적 본질'의 규정을 유보하고 개인들의 고유성을 실존적으로 긍정한 바탕에서 "우리의 삶을 아름답게 하는 방식으로 나의 삶을 살찌우는" 노선을 그려내고자 하는 것이 신영복 식 '새 세상 일구기'의 프로젝트라고 이해됩니다. 〈강의〉

　근대 이후 20세기까지 유럽-아메리카 문명권이 주도해온 세계 질서에 대해, 그리고 그에 발맞추어 지금까지 그런 대로 성공해온 대한민국 경제질서-정치체제-문화역동에 대해, 신영복은 민족사적 성찰과 문명사적 반성을 통해 새로운 패러다임을 모색합니다.

　이웃 사람, 다른 계층, 이웃 나라, 다른 문화, 인간 아닌 다른 존재들에 대해, 이기고 속이고 빼앗고 죽이고 멸시하고 파괴하는 투쟁과 배제의 문화를 넘어, 내가 너와 만나 어울려 우리를 세워내고, 다시 그 우리를 넓히고 뛰어넘어 더 큰 우리를 빚어가는, 소통-공생-화평의 신문명 세상을 그려내고 만들어가는 것—이것이 신영복의 사상이자 삶의 모습입니다. 〈더불어 숲〉

　신영복은 남들에게 비친 자신을 성찰함으로써 수양을 삼고, 스스로를 낮춤으로써 세상의 모든 현장에서 배움을 넓혀나갑니다. 그는 만나는 사람 누구에게나 아늑하고 따스한 감격을 심어줌니다. 그 감격은 깊은 울림을 이루고, 그 울림은 다시 다른 사람들에게 퍼져 나갑니다.

개인들 속의 울림이 어울림으로 되어 더 큰 울림을 만들어갑니다. 연못 가장자리에 던져진 돌멩이 하나로 온 연못에 잔잔한 무늬가 퍼져나가듯 그렇게 신영복의 삶, '희망 만들기'는 남들과의 소통을 쌓고 넓혀 사람들의 가슴에서 떨림을 이루고 사회 각 영역에서 분위기로 스며들어 세상살이의 맛을 바꾸어내는 쉼 없는 역정歷程입니다.

요즘 우리는 "이러고도 나라냐?" 라는 탄식이 절로 날 만큼 갑갑하고 어두운 세상에 살고 있습니다. 이러한 정황에서 절실히 요구되는 것이, 민족사의 전통에서 긍지의 근거를 길어 올리고 미래 개척의 작업에서 자신감을 동반한 낙관적 실천의지를 북돋울 만한 정당한 사상이론의 정립입니다.

신영복의 실천적 삶은 이러한 시대적 요구에 부응하는 의미 깊은 응답입니다. '과거를 유폐에서 이끌어내어 현재로 생환시키는' 신영복의 역사 독법은 진보된 미래의 시공간에 과거에게 돌아가야 할 몫을 찾아주는 작업입니다.

세계화 시대의 정당한 주체로 나설 수 있기 위해서라도 역사적 성찰을 통해 민족문화의 정체성을 재형성해야 한다는 신영복의 관점은 확산되고 공유되어야 할 지적 자산입니다. 〈강의〉

암담한 세상을 뒤집어 청명한 세상을 건설하고자 하는 예리한 지성들 가운데는 신영복 식의 희망 만들기는 그저 꿈일 뿐이라고 우정 어린 충고를 보내는 이도 있습니다. 북한산 나비 한 마리의 날갯짓이 지구 저편 아메리카 대륙 어딘가에 거대한 폭풍을 일으킬 수 있다는 식의 생태론적 '나비효과'는 이론적 가능성에 그칠 뿐이라고. 오히려, 인천 앞바다에 떨어뜨린 잉크 한 병은 가능성 아닌 실질성의 수준에서 태평양 물의 10-13만큼 물들이겠지만 그 생활적 효과는 0에 수렴하는 것이라고. 급격하고 총체적인 변혁을 지향하는 실천적 지성들에게 신영복 식 문명변화론의 노선은 지나치게 나약한 방식으로 너무 멀리 돌아가는 방략으로 비칠 것입니다.

　　진보를 향한 신영복 식 연대의 확산은 '방법의 제시'에 그칠 뿐이며 새로운 세계의 내용적 비전을 확립하는 데 이르지 못한다는 비판적 평가도 없지 않습니다. 이런 점들과 관련하여 우리는, 인간됨을 '사람들'에서 찾는 공자와 맑스와 신영복의 발상법적 공통성에 미래개척의 중요한 그루터기가 포함되어 있음을 지적하는 것으로 그를 옹호하고자 합니다.

　　신영복 식 울림의 자기재생성과 상호재생산의 향후 성과는 분명 나비효과와 잉크효과의 사이 어딘가에 해당할 것입니다. 성과의 관점에서 신영복 류流의 실천이 어디까지 갈지는 아직 예측하기 어렵습니다. 하지만 우리는 믿습니다. 신영복 식 세상 바꾸기의 희망과 실천은 종래의 총체적 체제변혁 기획과는 다른 독자적인 의미와 의의를 지닌 것이라고. 각 개체가 자신의 고유성을 잃지 않으면서 서로 어울려 전체가 화평한 또 하나의 상위 수준 생명을 일구어내는 신영복의 어깨동무체 글씨가 많은 사람들에게 평온한 감명을 불러일으키듯이 말이지요.

그리고 우리는 기대합니다.

자본과 권력이 주인공이 되어 존재의 자기증식운동이 인간의 삶을 지배하는 이 시대에, 인간됨의 주요 측면이기도 한 '자유라는 가치의 최대치로서의 평등'을 향한 신영복의 문명론적 사회변화 설계가 더욱 구체적인 내용을 채워 가리라는 것을. 그리고 우리는 믿습니다.

온갖 풀-나무들이 각자의 색깔을 띠고 향기를 뿜으면서 꽃 피우고 열매 맺는 가운데 울창한 숲을 이루듯 다양한 개인들과 계층들과 문화들이 서로를 살리고 북돋우는 사랑과 화합의 공동체를 향해 나아가는 신영복의 따뜻한 분노가 우리 사회에서 더욱 큰 울림과 더욱 넓은 어울림으로 번져 가리라는 것을.

끝으로, 신영복 선생의 사상이 더욱 심화되고 실천이 더욱 확대되기를 기원하면서, 임창순상이 우리 사회의 문화창발과 진보발전에 기여하는 초석의 하나로 정착하기를 희망합니다.

'변방인'의 변방기행

신영복은 노년에 들어 '잃어버린 청춘'을 보충이라도 하듯이 바쁘게 활동하였다. 그만큼 할 일이 쌓이고 찾는 이들이 많아졌다. 2009년 10월부터 이듬해 2월까지 '민주넷' 주최로 서울·청주·춘천·울산·제주·전주를 순회하면서 강연을 하고 참석자들과 격의 없이 어울려 담론하였다. 강연장마다 청중으로 가득 찼다.

2010년에 그는 70세를 맞았다. 여전히 건강하고 활기찬 모습이었다. 이해 11월 서울 미술관에서 '생명 평화 그리고 꿈 전_展'을 열었다. 임옥상·박재동·이철수 화백이 함께하였다. 생명·평화·꿈은 그가 생애를 두고 그려온 가치였다.

『변방을 찾아서』(2012)

신영복은 출소 이후 자신의 뿌리를 내린 성공회대학교에 재직하는 동안, 등록금이 없어 학업을 중단하는 청년들을 자주 목격하였다. 그래서 2011년 8월 미등록학생 장학금을 마련하고자 성공회대 교수들과 서화전을 열었다. '아름다운 동행'이라는 이름으로 개최한 서화전의 수익금은 전액 학생들의 장학금으로 쓰였다. 9월에는 강릉시민 사회단체 연대기금 마련을 위한 콘서트를 열었다. 이와 비슷한 행사가 여러 차례 진행되었다.

신영복은 2011년 9월부터 12월까지 『경향신문』에 「변방을 찾아서」를 연재하였다. '변방'으로 인식되는 곳을 찾는 역사탐방이었다.

그에게 '변방'은 자신의 정체성이기도 했다. 그의 '변방의식'에는 역사성이 부여된다.

> 인류사는 언제나 변방이 역사의 새로운 중심이 되어 왔다. 역사에 남아 사표師表가 되는 사람들 역시 변방의 삶을 살았다. 일일이 열거하지 않아도 도처에서 얼마든지 만날 수 있다. 오리엔트의 변방이었던 그리스·로마, 그리스·로마의 변방이었던 합스부르크와 비잔틴, 근대사의 시작이 되었던 네덜란드와 영국 그리고 영국의 식민지였던 미국에 이르기까지 인류 문명은 그 중심지가 부단히 변방으로, 변방으로 이동해 온 역사이다.
>
> 우리는 왜 문명이 변방으로 이동하는 지에 대해서 고민해야한다. 그것이 변방에 대한 즉물적 이해를 넘어 그것의 동학動學을 읽어 내는 것이기도 하다.[3]

신영복의 변방을 찾는 기행은 여덟 차례에 걸쳐 진행되었다. 1, 해남 송지초등학교 서정분교. 2, 강릉 허균·허난설헌 기념관. 3, 박달재. 4, 벽초 홍명희 문학비와 생가. 5, 오대산 상원사. 6, 전주 이세종 열사 추모비·김개남 장군 추모비. 7, 서울특별시 시장실의 〈서울〉. 8, 봉하마을 고 노무현 대통령 묘역.

이번 변방 기행은 자신이 쓴 글씨들이 있는 곳이 중심이 되었다. 그는 이런 저런 사연으로 각지의 기념관이나 석비 등에 글씨를 써주었고, 특히 이번 기행에는 빠졌지만 민주열사 묘비와 대학의 추모비를 많이 썼다.

신영복의 '변방탐사'는 당초 1, 2부로 두 차례 진행하기로 하였다. 그런데 1부 8회의 탐사 후 건강문제로 2부는 중단되었다. 출판사 돌베개는 2012년 5월 『변방을 찾아서』란 제목으로 연재한 글과 사진, 신영복의 현판 글씨 등을 묶어 출간하고, 이 책 역시 독자들의 지대한 환영을 받았다. 여기서는 일부를 소개한다.

'변방을 찾아서' 제일 첫 번째 방문지로 찾아간 곳은 전라남도 땅끝마을 해남이었다. 그것도 초등학교의 분교였다. 사실 어디를 첫 번째 방문지로 할 것인가를 고민하였다. 우선 제목에 걸맞게끔 '변방'이어야 했다. 그리고 또 한 가지는 크지 않은 글씨가 있는 곳이어야 했다. 작은 목소리로 시작하고 싶었기 때문이다. '변방'의 기획은 내가 쓴 글씨가 있는 곳을 찾아가서 그 글씨에 얽힌 이야기를 풀어내는 것이다.

먼저 내 글씨가 있는 곳을 하나하나 점검한 다음 그중에서 대상지를 선정하고 다시 취재 순서를 정하는 방식으로 전체 기획을 짰다. 그렇게 해서 첫 방문지로 정한 곳이 해남 땅끝마을이다. 땅끝마을은 이름 그대로 변방임에 틀림없었다.[4]

신영복이 찾은 곳은 하나 같이 '변방인'들의 아픈 사연과 곡절이 배인 역사현장이다. 두 번째로 찾은 강릉의 허균·허난설헌 기념관의 제목은 "우리 시대에도 계속 호출해야 하는 코드"이다. 신영복은 2006년에 이 기념관의 현판을 써주었다.

나는 한국의 변방인 강원도, 다시 그곳의 변방인 초당동 기념관에서 허균·허난설헌의 추억이 안겨 주는 감회에 젖는다. 스물일곱 한 많은 생애를 마감한 난설헌 허초희, 그리고 형장의 이슬로 사라져 간 허균의 생애는 역사의 비극이며 아직도 청산되지 못한 우리 현실의 단면을 보여 주는 듯하였다.

가을은 독서의 계절이고 또 여행의 계절이라고 한다. 내가 쓴 기념관 현판을 인연으로 맺어진 허균, 허난설헌과의 만남은 마침 청명한 가을 날씨와 가을 날씨와 함께 이 두 가지를 동시에 안겨 준 '역사 여행'이었고 '가을의 성찰'이었다.[5]

서울시장실과 노무현 묘역 찾아

신영복의 변방 탐사에 홍명희의 고장이 빠질 리 없다. 홍명희도 홍명희이지만 소설 『임꺽정』의 산실이기도 하기 때문이다. 홍명희 생가에 세워진 〈벽초 홍명희 문학비〉처럼 수난을 많이 받은 문학비도 없을 것이다. 그의 사망 30주기에 문인들이 십시일반으로 푼돈을 모아 세운 이 문학비는 그동안 거의 연중행사로 자칭 반공주의자들에 의해 훼손되거나 물의를 일으켰다. 비문 중 일부 내용을 트집 잡은 생떼였다.

신영복은 1998년 문학비 건립 추진위원회로부터 부탁을 받고 비문을 써 주었다. 제막식에는 참석하지 못하였다가 이번에 처음으로 찾은 것이다. 문학비는 퇴락해 있었다. 미리 준비해 간 붓으로 글자에 먹을 넣어 생명력을 살렸다. 그는 홍명희를 "진보적 민족주의자, 또는 사회주의에 공명한 민족주의자"라는 평가에 동조하면서, 소설 『임꺽정』에 관해 말한다.

> 벽초의 정치적 정체성과는 달리 소설 『임꺽정』에 이르면 이론의 여지가 없다. '문학비'는 그에 관한 모든 포폄褒貶을 뛰어넘는 곳에 있다. 한마디로 『임꺽정』을 넘어선 대하역사소설이 아직 없다는 것이 문학계의 통설이다. 도종환 시인은 『임꺽정』은 반상班常의 두 세계를 넘나드는 벽초만의 스케일을 보여 줄 뿐 아니라 그 자체가 풍부한 우리말의 보고寶庫라는 점을 지적한다.

비문에 새겼듯이 한마디로 '조선 정조情調에 일관된 작품'이다. 등장인물의 다양함과 풍부한 어휘도 그렇지만 더욱 감동적인 것은 대하大河와 같은 서사 양식의 도도함과 그 속에 흐르는 파란만장 삶의 실상들이 아닐까. 구술문학의 서사 양식이 그처럼 친근하게 말을 걸어온다는 사실은 감동이 아닐 수 없다.[6]

신영복의 '변방을 찾아서'라는 기획 연재에 서울시장실이 낀 것은 쉽게 납득이 가지 않은 부문이다. 그러나 서울시장실을 찾는 데는 각별한 사연이 있었다. 서울시가 1994년 서울 정도定道 600주년을 기념하는 서예전을 준비하면서 출품을 요청받았다. 여러 날 고심 끝에 '서' 자를 산처럼, 그리고 '울' 자를 강물처럼 형상화하여 '서울'을 쓰고, '북악무심오천년北岳無心五千年 한수유정칠백리漢水有情七百里'라는 한시 한 구절을 방서하여 출품하였다.

이 작품이 계속하여 서울시장실에 걸려 있었고, 해서 시장실을 찾게 된 것이다. 신영복의 설명이다.

오늘 이 글씨가 걸려 있는 시장실을 찾아가면서 한편 조심스러운 걱정이 없지 않았다. '변방을 찾아서'라는 기획 연재의 제목 때문이다. 서울시청을 변방으로 여긴다는 것이 결례이기도 하고 자칫 오해를 살 수도 있겠다는 걱정이 없지 않았다. 그러나 막상 박원순 시장을 만나자 이러한 걱정이 기우였다는 것을 알았다. 서울시청이 변방이라고 할 수는 없지만 변방의 애환을 시정에 담는 것이 자신의 시정 철학이라는 것이었다.

　　소외된 이웃과 소통하고 사회적 약자의 애환에 귀 기울이는 시정을 꾸려 가겠다는 의지가 분명했다. 나는 오늘 시장실을 찾아오는 동안 생각했다. 경복궁과 청와대로 상징되는 북악이 정치권력의 상징이라면 서울시청은 민초들의 애환이 흘러드는 700리 한강수였으면 하는 생각이 없지 않았다.[7]

　신영복의 무거운 발길이 마지막으로 향한 곳은 봉하마을이다. 노무현 전 대통령이 이명박 정권의 정치보복에 몰려 서거하고, 고향 봉하마을에 안장되어 묘비를 세울 때 장례위원회의 요청으로 신영복이 묘석의 글씨를 썼다. '민주주의 최후의 보루는 깨어 있는 시민의 조직된 힘입니다. -노무현 대통령 어록 중에서'라는 내용이다.

　신영복이 봉하마을을 찾았을 때는 비서실장이었던 문재인 노무현기념사업회 이사장이 맞아 주었다. 그리고 권양숙 여사의 안내를 받아 참여정부 마지막 장·차관 모임 때 노무현 대통령의 부탁으로 자신이 썼던 '우공이산愚公移山'이 고인이 떠난 사저에 걸려 있는 것을 보고 새삼 깊은 감회에 젖었다.

　신영복은 노무현을 '변방인'으로 보았다.

　　노무현 대통령의 삶은 '스스로 추방해 온 삶'이었기 때문이다. 낮은 곳, 변방으로 자신의 삶을 추방하는 삶이었음에도 불구하고 역설적이게도 '대통령'이라는 중심에 서게 되는 그야말로 변방의

창조성을 극적으로 보여준 삶이다.[8]

신영복은 봉하마을 노무현 묘역에서 한 가지 놀라운 '예언'을 담았다. 그리고 그 예언은 진행형이다.

'운명'이란 무엇인가. '운명'이란 납득할 수 없고, 분석이 허용되지 않는 사실을 담는 그릇이다.

무어라 이름 붙일 수 없을 때 우리는 그것을 운명이라고 부른다. 이곳의 '작은 비석'이 앞으로 어떤 운명을 걸어가게 될지 아무도 모른다. 그래서 이곳에서는 운명의 의미가 더욱 증폭된다. 그러나 한 가지 분명한 것은 이 변방의 작은 묘역이 세 시대의 창조 공간으로 거듭나리라는 것만은 피할 수 없는 운명이라는 사실이다.[9]

16장

신영복의
마지막
강의

지식과 지혜의 샘물 '담론' 펴내

수요가 있는 곳에 공급이 따르는 것이 경제원칙이다. 신영복의 글과 책을 찾는 사람은 갈수록 수를 더해 갔다. 진보와 보수, 남성과 여성, 청년과 중년을 가리지 않았다. 해방 후 우리나라에서 그이처럼 다양한 독자층을 가진 인사도 흔치 않을 것이다.

한 번 그의 글(책)을 읽으면 대부분 다른 책을 찾는다고 한다. 그만큼

『담론』(2015)

내용이 알차고 울림이 크기 때문이다. 이명박·박근혜의 민주주의와 남북관계 퇴행기를 맞아 다시 국민의식이 산성화되어 갈 때 신영복

272

의 글은 맑은 산소와 같은 역할을 해주었다. 심산유곡의 한줄기 석간수였다.

전문학자들의 고담준론이나 동서양 고전의 엄숙함도 신영복의 입과 손에서 나오면 친숙한 알레고리가 되고, 신선한 에세이가 된다. 그래서 사람들이 즐겨 찾는다.

도서출판 돌베개는 2015년 4월 '신영복의 마지막 강의'라는 부제를 단 『담론』을 펴냈다. 대학(원)과 언론 매체에 연재한 글을 다시 정리하여 묶은 것이다. 책의 구성은 이러하다.

신영복은 바쁜 일정 속에서도 그동안의 강의·강연내용을 꼼꼼히 다듬고 첨삭하여 강의록 『담론』을 펴내었다. 이즈음 건강에 이상이 나타나기 시작하였다. 책의 서문에는 다음의 내용이 적혀 있다.

여러 가지 사정으로 이번 학기를 마지막으로 더 이상 강의를 하지 못합니다. 나의 강의를 수강하려는 학생들에게 미안합니다. 그래서 강의 대신 책을 내놓기로 했습니다. 이 책은 이미 출간된 책과 발표된 글을 교재로 사용한 것이기 때문에 자연히 중복되는 내용이 많습니다. 양해 바랍니다.[1]

신영복의 『담론』은 『강의』와 함께 그의 학문세계를 풀어놓은 지식과 지혜의 샘물이다. 책의 소제목에서 보여주듯이 주제 하나하나에서 저자의 폭넓은 지식과 절차탁마의 지혜를 살피게 한다.

신영복의 혼과 정신이 베인 『담론』에서 놓치기 아까운 대목을 역시 '임의'로 뽑아본다. 제목은 책의 소제목을 그대로 따왔음을 밝힌다.

가장 먼 여행

공부는 한자로 '工夫'라고 씁니다. '工'은 천天 과 지地를 연결하는 뜻이라고 합니다. 그리고 '夫'는 천과 지를 연결하는 주체가 사람人이라는 뜻입니다. 공부란 천지를 사람이 연결하는 것입니다. 갑골문에서는 농기구를 가진 성인 남자로 그려져 있습니다. 인문학人文學의 문文은 문紋과 같은 뜻입니다. 자연이란 질료質料에 형상을 부여하는 것입니다. 그것을 사람人이 한다는 뜻입니다. 농기구로 땅을 파헤쳐 농사를 짓는 일이 공부입니다.

(…)

우리가 일생동안 하는 여행 중에는 가장 먼 여행은 '머리에서 가슴까지의 여행'이라고 합니다. 이것은 낡은 생각을 깨뜨리는 것입니다. 오래된 인식 틀을 바꾸는 탈문맥입니다. 그래서 니체는 '철학은 망치로 한다'고 했습니다. 우리가 갇혀 있는 완고한 인식 틀을 깨뜨리는 것이 공부라는 뜻입니다. 우리가 갇혀있는 문맥은 많습니다. 중세의 마녀 문맥이 그것의 한 예입니다. 수많은 마녀가 처형되었습니다. 심지어 자기가 마녀라는 사실을 승복하고 처형당한 사람도 많습니다.[2]

사실과 진실

공자孔子도 악여정통樂與政通이라 했습니다. 음악과 정치는 서로 통한다는 뜻입니다. 어느 나라에 들어가서 그 나라에서 불리는 노래를 들으면 그 나라의 정치를 알 수 있다고 했습니다. 공자가 서울에 와서 걸그룹 노래를 듣고 뭐라 할지 궁금하긴 합니다만 그것이 함의하고 있는 정치성이 분명 없지 않을 것입니다. 채시관들이 마을을 돌면서 노래를 수집한 이유 역시 노래의 사실성에 주목하고 노래를 통하여 백성들이 어떤 고뇌를 안고 있는가를 알기 위해서였을 것입니다.[3]

방랑하는 예술가

20세기의 가장 뜨거운 영혼의 소유자라고 하는 체 게바라Che Guevara의 평전을 보면, 그는 이런 말을 했습니다. "리얼리스트가 되라. 그러나 이룰 수 없는 이상은 반드시 하나씩 가져라." 현실을 존중하되 이룰 수 없는 꿈, 그걸 놓으면 안 된다는 것이지요. 현실의 조각 그림을 뛰어넘어 진실을 창조하려고 하는 고민이 바로 이상과 현실을 결합하려는 노력이 아닐까 생각합니다.[4]

손때 묻은 그릇

자리와 관련해서 특히 주의해야 하는 것은 권력의 자리에 앉아서 그 자리의 권능을 자기 개인의 능력으로 착각하는 경우입니다. 그것을 구분해야 합니다. 알튀세르Louis Althusser의 비유가 신랄합니다. "히말라야 높은 설산에 사는 토끼가 가장 조심해야 하는 것이 무엇인가?" 동상凍傷이 아니었습니다. "평지에 사는 코끼리보다 자기가 크다고 착각하지 않는 것"이었습니다. 다른 사람들을 부려서 하는 일이 자기의 능력이라고 착각하면 안 됩니다. 사람과 자리를 혼동하지 말아야 합니다.[5]

톨레랑스에서 노마디즘으로

연암은 실학파 중에서 북학파北學派로 분류됩니다. 북학北學의 반대는 남학南學이 아니라 북벌北伐입니다. 효종의 국시가 북벌이었습니다. 북벌이란 청淸나라 오랑캐를 정벌하자는 것입니다. 당시의 조선은 북벌할 능력도 의지도 없었습니다. 병자·정묘 양란으로 조선은 청나라의 신하 국가가 됩니다. 그 자체가 수치인 것은 차라리 둘째입니다.

조선 사회의 지배 구조 자체가 와해될 위기에 처합니다. 북벌을 천명하지 않는다면, 다시 말해서 명明나라에 대한 충성을 져버린다면, 조선 왕이 백성의 충성을 요구할 수 없고, 조선 지배계급이 노비들의 복종을 요구할 명분이 없어집니다.

북벌은 조선 사회의 존립 근거가 됩니다. 북벌은 그런 정치적 명분이었습니다. 이후 조선은 북벌을 국시로 하는 소중화小中華의 나라로 교조화됩니다. 조선 시대의 이러한 상황에서 북학은 엄청난 이단이었습니다.[6]

지구상의 두 부류 인간

나는(필자) 한 때 성균관대학에서 강의(현대정치사와 매스컴 이론)를 하면서, 러시아의 사상가 N. 베르쟈예프의 "지구상에는 두 가지 부류의 인간이 있다. 하나는 도스토예프스키의 책을 읽는 부류와 읽지 않는 부류의 인간이다."라는 말을 인용하여, 한국현대사의 몇 사람의 책을 예시하고, 그중에 한 사람으로 신영복(책)을 들었다.

그 당시에는 아직 『담론』이나 『강의』 등이 나오기 전이고, 『감옥으로부터의 사색』과 정운영과의 인터뷰가 실린 『이론』의 창간호 등이었다. 다시 『담론』을 소개한다.

이웃을 내 몸같이

무감어수無鑑於水는 널리 알려진 글귀는 아닙니다. 내가 많이 소개하는 편입니다. 물에於水 비추어 보지 마라無鑑는 뜻입니다. 물水은 옛날에 거울이었습니다. 동경銅鏡이 나오기 전에는 물을 거울로 삼았습니다. 물에 비추어 보면 얼굴만 비추어 보게見面之容됩니다. 그렇기 때문에 감어인鑑於人, 사람을 비추어 보라고 하는 것입니다. 참 좋은 말입니다. 거울에 비추어 보면 외모만 보게 되지만, 자기를 다른 사람에게 비추어 보면 자기의 인간적 품성이 드러납니다. 인문학적인 메시지이면서 많은 사람들이 공감할 수 있는 금언입니다.[7]

잠들지 않는 강물

이처럼 『노자』의 무無는 노자 사상의 근본입니다. 난세에는 도가를 읽고 치세에는 유가를 읽는 까닭이 무無가 곧 세상의 근본이기 때문입니다. 춘추전국시대는 법가에 의해서 통일됩니다. 그러나 진秦나라는 단명합니다. 그리고 한漢나라가 천하의 주인이 되고 법가를 대신해서 유가가 지배사상이 됩니다. 지난 시간에 이야기했습니다.

유가가 관학이 되지만 내면에서는 여전히 법가 사상이 뼈대가 되고 있습니다. 외유내법外儒內法입니다. 겉으로는 유가를 표방하지만 내면은 법가라는 뜻입니다. 유가는 법가에 비해 유화적宥和的 지배 방식을 표방합니다. 법가는 군주 권력을 중심에 두는 사상입니다. 이에 비해 유가는 예禮, 악樂, 인仁과 같은 유화적인 지배 기제를 통해서 법가의 적나라한 권력 의지를 은폐합니다.[8]

우엘바와 바라나시

갠지스 강에는 강물과 연결되어 있는 카트라는 긴 돌계단이 있고 그 위에서 화장을 합니다. 시체를 장작 위에 올려놓고 태웁니다. 장작 불길이 센 가운데 부분이 먼저 타기 때문에 대부분의 시체가 양쪽으로 툭 부러집니다. 정작 값이 비싸서 돈이 부족한 사람의 시체는 다 태우지 못합니다. 타다 남은 시체는 재와 함께 강물에 쓸어 넣습니다.

옆에서 기다리고 있던 개가 남은 시체의 일부를 물고 달아나면 쫓아가서 빼앗지도 않는다고 합니다. 그 화장장이 있는 강물에서 목욕하고 기도합니다. 인도가 우리에게 안겨 주는 달관은 달관이기보다는 (당혹감)입니다. 그러나 인도는 사람을 한없이 편안하게 하는 것이 사실입니다.[9]

상품과 자본

근대사회가 자기 정당성의 근거로 내세우는 것이 'Big 5'입니다. 근대사회는 사회의 공적公敵 다섯 가지를 해결했다는 것이지요. 빈곤, 질병, 무지, 부패, 오염을 해결했다고 주장합니다. 과연 그런가. 이 다섯 가지가 해결되지 않았다는 반론이 오히려 설득력이 있습니다. 하나하나 자세히 분석하지는 않습니다. Big 5의 현

주소를 확인하는 것으로 그치겠습니다.

빈곤의 문제는 더 이상 언급하지 않겠습니다. 지금도 10살 미만의 어린이가 5초에 1명씩 아사하고 있습니다. 지구상에서 매일 10만 명의 인구가 영양실조로 사망하는 것이 현실입니다. 미국만 하더라도 하루 1달러 미만으로 생존하는 빈곤층이 2천만 명에 달합니다.[10]

떨리는 지남철

북극을 가리키는 지남철은 무엇이 두려운지

항상 그 바늘 끝을 떨고 있다.

여윈 바늘 끝이 떨고 있는 한 그 지남철은

자기에게 지워진 사명을 완수하려는 의사를

잊지 않고 있음이 분명하며

바늘이 가리키는 방향을 믿어서 좋다.

만일 그 바늘 끝이 불안스러워 보이는 전율을 멈추고

어느 한쪽에 고정될 때

우리는 그것을 버려야 한다.

이미 지남철이 아니기 때문이다.[11]

17장

76세로 운명,
성공회대학장으로
장례

'백성 민民, 민장'으로 영결식

신영복은 2014년 겨울 암 판정을 받았다. 그때 이미 여러 군데 전이가 되어 수술이 불가능한 상태였다고 한다. 의사인 후배 교수 두 분이 헌신적으로 치료에 매달리고 중증 암 환자를 대상으로 한 임상실험 프로그램에 들어가 집중 치료를 받기도 했다.

흑색종암이라는 특이한 암세포가 그의 육신을 갉아먹고 있었다. 햇빛이 귀한 지역에서 발생하는 암세포였다. 20년 세월을 감옥에서 살다보니 햇볕을 쪼일 기회가 거의 없었다. 그래서 "신문지 한 장 크기의 햇볕만 있어도 세상은 살 만하다"는 행복감에서 자살을 택하지 않았다라고 토로하였지만, 결국 이로 인해 불치의 병을 얻게 되었다.

임상실험 프로그램을 시작한 뒤 한동안 상태가 좋아졌다. 그래서 '마지막 저서'가 된 『담론』의 원고를 출판사에 보내 달라 하여 교정을 다시 보는 열정을 보이기도 하였다. 그러나 몇 개월이 지나고 약에 대한 내성이 생기면서 상태가 다시 나빠졌다. 병원에서 여러 가지 치료와 투약을 했으나 병세는 호전되지 않았다.

이명박·박근혜 정권이 들어서면서 당국은 신영복의 지방 강연 등을 차단시켰다. 몇 곳에서는 현장에까지 갔으나 강의를 막았고, 심지어 2008년 개관 때 쓴 대통령기록관 현판 글씨를 박근혜 정부가 "통혁당사건에 연루된 신영복의 글씨가 대한민국의 정체성을 훼손한다."라는 이유로 2014년에 철거하였다. 이 소식을 듣고 신영복은 역사의 참담한 반복성에 할 말을 잃었다.

하지만 세상에는 악인들만 사는 것이 아니었다. 투병 중이던 2015년 10월 경기도의회는 당시 강득구 의장이 취임하면서 내건 '사람중심 민생중심 의회'라는 현판을 제작하기로 하고, 이를 신영복 선생에게 부탁하였다. 소식을 들은 제자들이 건강상의 이유를 들어 만류했으나, 그는 투병 중이던 10월 7일 이 현판의 글씨를 써주었다. 생전에 쓴 그의 마지막 유품이 되었다. 사례도 거절하면서 "건강이 회복되면 경기도의회에서 강연을 하고 싶다."라고 했지만 끝내 강연을 하지 못하고, '마지막 글씨'는 지금 경기도의회의 건물에 걸려 있다.

신영복은 이보다 조금 앞서 김희선 전 의원이 주최하는 '여성독립운동기념사업회'의 현판을 써주었다. 김희선은 "우리시대의 가장 양심적이고 여성에 대한 이해도가 높은 분이어서 그의 글씨를 받았다."고 소개하였다.

신영복의 병세는 가을께부터 다시 악화되었다. 살날이 얼마 남지 않았다고 판단하고 병원을 나와 목동 집으로 돌아왔다. 출감 이후 한때 수유리에서 살다가 부모님이 돌아가신 후 양천구 목동에서 줄곧 살던 집이다. 해가 바뀐 2016년 초부터는 모든 치료와 투약은 물론 곡기까지 끊고 조용히 죽음을 맞이하였다. 옛 선비처럼 죽음을 맞아서도 달관한 모습이었다. 임종을 지켜 본 제자들은 "돌아가신 날까지도 의식이 또렷하고 고통스러워하지 않고 편안히 눈을 감았다."(탁현민)고 밝혔다.

'시대의 양심' 신영복 선생은 2016년 1월 15일 오후 9시 30분경 76세를 일기로 부인과 늦게 둔 외아들을 남겨놓고 조용히 눈을 감았다.

마지막 선비가 죽었다. 스물일곱 해 보통사람으로 살았고, 스무 해 스무날을 귀양살이로, 다시 스무 일곱 해를 글과 글씨와 그림으로 산 사람. 종이를 반으로 접은 양 잰 듯이 둘러맞는 삶. 무력하다고 패배가 아님을 낮은 목소리로 일깨우곤 했던 무릎 흰 자들의 스승. 한 생애를 붓글씨 쓰듯 정갈하게 매무시지어 먹물 묻지 않게 개어놓고 자리를 뜬 조선 마지막 유배 선비.[1]

성공회대학장으로 장례를 치르기로 결정되고, 성공회대학에 빈소가 차려지면서 혹한인데도 많은 사람이 찾았다. 그의 마지막 길은 외롭지 않았다. 빈소 옆 건물에서는 '고 우이 신영복 석좌교수 추모전시회'가 열리고, 17일 저녁부터는 교내 피츠버그홀에서 '신영복 추모의 밤' 행사가 경건하게 거행되었다.

영결식은 18일 오전 11시 성공회대 성미가엘성당에서 유족과 수많은 추모객이 참석하여 진행되었다. 고인의 영정 아래 '언약은 강물처럼 흐르고 만남은 꽃처럼 피어나거라'라고 생전에 고인이 쓴 글씨가 산 자들의 눈길을 모았다. 추모객 중에는 당시 더불어민주당 문재인 대표를 비롯하여 이해찬 전 국무총리, 박원순 서울시장 등 정관계 인사와 많은 문화예술인과 2천여 명의 시민이 참석하여 고인의 마지막 가는 길을 추모하였다. 여느 국장에 못지않은 영결식 행사였다.

영결예배를 집전한 성공회대 교목실장 김기석 신부는 "만약 하늘나라에도 학교가 있다면 신영복 선생의 영혼은 그곳에서도 훈장 노릇을 하실 것"이라며 "바라건대 세상에 귀한 가르침을 배운 것처럼 선생께서 세월호의 어린 영혼들은 물론 형편이 어려워 배우지 못하고 생을 마감한 불쌍한 영혼들의 선생이 되어주시길 빈다."라고 기도하였다.

방송인 김제동 씨의 사회로 진행된 영결식은 성공회대 총장을 지낸 이재정 경기도교육감을 비롯 여러 사람의 추도사에 이어 가수 정태춘 씨가 추모곡 '떠나가는 배'를 부르자 식장은 한동안 흐느끼는 소리로 가득 찼다.

고인과 오랫동안 성공회대학에서 함께한 김창남 교수는 고인의 약력 소개를 하며 "신 선생님은 우리들에게 가장 따뜻하고 현명한 스승이었고 또 유쾌하고 즐거운 친구였다."면서 "오늘 최고의 스승이자 최고의 친구를 잃었지만 선생님과 함께 행복했던 기억만은 언제나 잊지 않겠다."며 울먹였다.

고인의 유해는 경기도 고양시 서울시립승화원에서 화장되어 고향 선산의 조부 묘역 근처에 수목장으로 안장되었다. 그토록 좋아하던 나무 곁으로 돌아간 것이다.

그가 떠났고 별의 동쪽 일대가 쓸쓸하게 비었다. 단 한 사람의 부재로 인간의 대지가 이토록 깊게 점요한 적은 없었다. 죽음마저 화선지에서 먹이 마르듯 하였다. 문득 길을 잃은 사람들은 그 말과 글씨와 그림 사이로 비틀거리면서 찾아와 침묵으로 울었다. 이것이 백성 민民 민장이다.[2]

닫는 말

한 송이 눈꽃같은 순결한 삶

신영복 선생은 76세의 나이로 보면 결코 짧은 생애는 아니지만 20년의 옥살이와 10년의 부자유 상태를 빼면 너무 짧은 삶이었다. 살아 있으면서 지옥과 대면했고, 중앙정보부에서 구타와 전기고문으로 기절 끝에 간신히 의식을 회복할 때에, 염라대왕과 같은 수사관이 자기 아들의 감기약을 주문하는, 인간성의 악마화를 지켜봐야 했다.

그런 속에서도 그는 인간의 선의를 믿었고 아름다운 세상을 꿈꾸었다. 한 기사는 "날카로운 시대의 비수가 그의 삶을 조각낼 때에도 그는 시대를 기꺼이 심장에 품었다. 인간의 유한성과 불민함을 인정하면서도 그 불완전한 것들의 총화가 빚어내는 역동적 조화를 그는 가슴 벅차게 희구하였다."[1]라고 했다.

한국 현대사에서 신영복 선생과 같은 유형의 인물을 찾기는 쉽지 않다. 강함과 부드러움, 텅 빔과 꽉 참, 경건과 소박, 명민과 우졸, 고전과 현대, 동양과 서양, 이성과 감성, 엄숙성보다 친근, 속도보다 여백, 이념보다 관계 등으로 등치되는 개념들을 묶어내는 융합성과 조화력을 보여주었다.

오랫동안 그를 지켜 본 학자는 "'심지어 유치幼稚할 줄 아는 분'이라고. 이것은 내가 그를 묘사하는 최고의 찬사다. 그는 가장 낮은 곳에서 가장 높은 생각을 다듬어온 사람이고, 가장 높은 곳에서 가장 낮은 곳을 보듬어온 사람이다. 그는 시대의 스승이고 고고한 선비임이 분명하지만 또한 우리 곁에서 아주 유치한 모습으로 함께 놀 줄 아는 사람이다."[2]라고 했다.

신영복 선생은 어떤 글에서 "한 사람의 일생을 평가할 때 그 사람의 일생에 들어가 있는 시대의 양量을 준거로 해야 한다."고 말하였다. 그가 살아온 '시대의 양'은 험난하였다. 민주공화제의 정부가 수립되고도 친일파들의 세상이고 4월혁명과 6월항쟁을 겪고도 그들과 그들의 후예는 군부독재자들과 함께 그들만의 세상을 만들었다.

또한 이들의 중심에는 반시대적 허위의식으로 무장한 일군의 지식인·언론인들이 있었다. 그들이 정도를 버리고 독재·부패권력에 부역함으로써 우리의 지성사가 비틀어지고 역사가 비틀거렸다. 이를 바로 잡으려는 지식인들은 현대판 사문난적의 대상이 되고 감옥이나 사회적 몰락이 주어졌다. 신영복 선생의 경우도 다르지 않았다.

하지만 그는 절망 속에서도 희망을 잃지 않았고 '감금의 화석화'

속에서도 정음正音을 지켰다.
비록 변방에서일망정 가느다란
그의 목소리는 울림이 있었고,
큰 떨림으로 나타났다. 명징한
언어와 잔잔한 미소는 변방인
들의 마음을 곧고 시리게 만들
었다.

『냇물아 흘러흘러 어디로 가니』(2017). 신
문과 잡지 등에 발표한 글과 강연록 중에서
생전에 책으로 묶이지 않은 글들을 모은 유
고집.

선생은 끝까지 '처음처럼'
이었고 '더불어 숲'이었다. 그
렇게 하여 자신과 이웃을 향해
모질게 내리치는 도벌꾼들의
도끼날에 향기를 묻히는 향나
무가 되었다.

선생은 극랄한 조리틀림 속에서도 가장 인간적이었기 때문에 가
장 이성적일 수 있었다. 그래서 40대의 얼굴을 70대에 이르기까지
간직할 수 있었다. 마음속에 깊고 맑고 넓은 심연이 자리 잡았고,
여기서 항상 새로운 석간수를 쏟아냄으로써 노쇠하지도 녹슬지도
않았다. 온고지신의 학습이 스스로를 항상 일깨웠다. "눈물로 먹을
갈아 한숨으로 쓴 맘부림의 앙금이 바로 두보杜甫의 시다."란 말이
전하듯이, 신영복 선생이 남긴 글과 그림·글씨 역시 두보와 다르지
않을 것이다. 다르다면 '앙금' 대신 '양심'이 심연에 자리 잡고 있다
는 점이라 할 것이다.

『손잡고 더불어』(2017) 생전에 가진 많은 대담 중 10편을 가려 엮은 것.

신영복 선생은 한국 사회의 낙후성에 대해 세 가지를 들었다. 불철저한 민주화, 뿌리 깊고 완고한 보수적 구조, 국제금융자본의 진입과 수탈이다. 이 같은 배경에는 인조반정 이후 지금까지 서인과 노론으로 계속되는 지배세력의 교체가 한 번도 이루어지지 않았기 때문이란 진단이었다. 그러나 선생은 비판에만 그치지 않는다.

세상의 지도에 유토피아라는 땅이 그려져 있지 않다면 지도를 들여다 볼 것없다는 시구가 나의 마음을 감싸주었습니다. 그렇습니다. 우리에게 남은 것은 미완의 의미를 어떻게 읽고 어떻게 천착해 갈 것인가 하는 과제라고 생각합니다. 미완은 반성이며 가능성이며 청년이며 새로운 시작이며 그러기에 과학입니다.[3]

고인에게 한마디 헌사가 허용된다면 "한 송이 눈꽃같은 순결한 영혼"이라 하겠다. 이시영 시인의 「비밀」 한 절을 떠올리면서 평전을 마무리 하고자 한다.

가슴에 상처를 안고 사는 사람은 아름답다.

그대 내면이 아픔으로 꽉차서

바람이 불어오는 쪽을 향하여 선 사람이여!

주

여는 말

1 지강유철 인터뷰, 「실천이 곧 우리의 삶입니다」, 『인물과 사상』, 2017년 11월호(지강유철 인터뷰, 표기).

2 신영복, 「모든 이가 스승이고, 모든 곳이 학교」(김영철 대담), 『손잡고 더불어』, 338쪽, 돌베개, 2017.

3 이진순, 「이진순의 열림」, 『한겨레』, 2016년 1월 23일.

4 주세페 피오리 지음, 신지평 옮김, 『그람시』, 뒤표지, 두레, 1991.

5 이계홍, 『이계홍의 휴먼스토리』, 50~51쪽, 모아드림, 2004.

1장 우수한 모범생으로 자라다

1 정운영, 「대담 신영복 교수」, 『이론』 1992년 겨울호, 115~116쪽.

2 위의 책, 117쪽.

3 위의 책, 65쪽.

4 배진, 「은린(銀鱗)처럼 빛나던 시절」, 『신영복 함께 읽기』, 268~269쪽, 돌베개, 2006.

5 위의 책, 269~270쪽.

2장 학부와 대학원 재학 시절

1 정운영, 「대담 신영복 교수」, 『이론』 1992년 겨울호, 119~120쪽.

2 위의 책, 122쪽.

3 위의 책, 123쪽.

4 위의 책, 121쪽.

5 김문식, 「가난한 날의 벗」, 『신영복 함께 읽기』, 273쪽, 돌베개, 2006.

6 위와 같음.

7 홍재영, 「대하드라마의 제4막을 기다리며」, 『신영복 함께 읽기』, 279쪽.

8 김명인, 「한 혁명적 인간의 낮고도 깊은 성찰의 기록」, 『신영복 함께 읽기』, 129쪽.

9 위의 책, 130쪽.

10 홍재영, 「대하드라마의 제4막을 기다리며」, 『신영복 함께 읽기』, 279쪽.

11 이해익, 「시와 그림을 사랑한 문우회 선배」, 『신영복 함께 읽기』, 294~295쪽.

3장 대학교수 시절에도 간직한 맑은 심성

1 김학곤, 「미네르바의 올빼미는 석양에 난다」, 『신영복 함께 읽기』, 305쪽, 돌베개, 2006.

2 김승광, 「청구회의 추억을 되살리며」, 『신영복 함께 읽기』, 299~300쪽.

3 김학곤, 「미네르바의 올빼미는 석양에 난다」, 『신영복 함께 읽기』.

4 신영복, 「청구회 추억」, 『감옥으로부터의 사색』, 30쪽, 돌베개, 1998.

5 한홍구, 「신영복의 '60'년을 돌아본다」, 『신영복 함께 읽기』, 44쪽.

6 위의 책, 45쪽.

7 김승광, 「청구회의 추억을 되살리며」, 『신영복 함께 읽기』, 300쪽.

4장 정체도 모른 채 엮인 통일혁명당사건

1 정운영, 「대담 신영복 교수」, 『이론』 1992년 겨울호, 133쪽.

2 「창간사」, 『청맥』, 1964년 8월호.

3 박태순·김동춘, 「통혁당사건과 '청맥'」, 『1960년대의 사회운동』, 222쪽, 까치, 1991.

4 위의 책, 231쪽.

5 『청맥』, 1964년 12월호.

6 『청맥』, 1965년 6월호.

7 『서울신문』, 1968년 8월 24일치.

8 정운영, 앞의 책, 133~134쪽.

9 위의 책, 134쪽.

10 한승헌, 『정치재판의 현장 불행한 조국의 임상노트』, 109쪽, 일요신문사, 1997.

11 이계홍, 『이계홍의 휴먼스토리』, 51~52쪽, 모아드림, 2004.

12 김삼웅, 『광기와 방랑의 자유인들』, 171~172쪽, 새터, 1993.

13 이계홍, 앞의 책, 53쪽.

14 위의 책, 68쪽.

5장 기나긴 감옥살이 시작

1   신영복, 『(여럿이 함께 숲으로 가는 길) 신영복』, 21쪽, 서울대학교출판문화원, 2010.

2   신영복, 『감옥으로부터의 사색』, 24쪽, 돌베개, 1998(초판 49쇄).

3   위의 책, 47쪽.

4   위의 책, 49쪽.

5   위의 책, 65쪽.

6   한홍구, 「신영복의 '60'년을 돌아본다」, 『신영복 함께 읽기』, 54쪽, 돌베개, 2006.

7   후지타 쇼조 지음, 최종길 옮김, 『전향의 사상사적 연구』, 297~298쪽, 논형, 2007.

8   한홍구, 앞의 책, 54~55쪽.

9   이승호·박찬운 외 지음, 『한국 감옥의 현실: 감옥 인권실태 조사보고서』, 98~99쪽, 사람생각, 1998.

10   조정래, 「세 번째 봉우리」, 『신영복 함께 읽기』, 84쪽.

11   신영복, 『감옥으로 부터의 사색』, 65쪽.

12   신영복, 「나의 대학시절」, 『냇물아 흘러흘러 어디로 가니』, 38~39쪽, 돌베개, 2017.

13   이권우, 「나무에서 숲으로 가는 길을 같이 거닐다」, 『신영복 함께 읽기』, 102쪽.

6장 기약 없는 대전교도소의 시간

1   최정기, 『감금의 정치』, 표지 발문, 책세상, 2006.

2   신영복, 「여럿이 함께하면 길은 뒤에 생겨난다」(정재승 대담), 『손잡고 더불어』, 286쪽, 돌베개, 2017.

3   위의 책, 286~287쪽.

4   신영복, 『감옥으로부터의 사색』, 72쪽, 돌베개, 1998.

5   이권우, 「나무에서 숲으로 가는 길을 같이 거닐다」, 『신영복 함께 읽기』, 98쪽, 돌베개, 2006.

6   지강유철 인터뷰, 「실천이 곧 우리의 삶입니다」, 『인물과 사상』, 2007년 11월호.

7   신영복, 「아버님의 건필을 기원하며」, 『감옥으로부터의 사색』, 77쪽.

8   위의 책, 229~230쪽.

9   신영복, 『냇물아 흘러흘러 어디로 가니』, 42쪽, 돌베개, 2017.

10   위의 책, 30쪽.

11   김삼웅, 『서대문형무소 근현대사』, 177쪽, 나남출판, 2000.

12　박열, 서석연 옮김, 『신조선혁명론』, 72쪽, 범우사, 2004.

13　위의 책, 41~42쪽.

14　한홍구, 「신영복의 '60'년을 돌아본다」, 『신영복 함께 읽기』, 56쪽.

15　신영복, 『(나의 동양고전 독법) 강의』, 192쪽, 돌베개, 2004.

16　신영복, 「서예와 나」, 『냇물아 흘러흘러 어디로 가니』, 110쪽.

17　위의 책, 114쪽.

18　위의 책, 115쪽.

19　위의 책, 119~120쪽.

20　유홍준, 「신영복의 서예 미학」, 『신영복 함께 읽기』, 110~111쪽.

21　신영복, 『감옥으로부터의 사색』, 268쪽.

22　위의 책, 367~368쪽.

23　신영복, 『감옥으로부터의 사색』, 258쪽.

24　김명인, 「한 혁명적 인간의 낮고도 깊은 성찰의 기록」, 『신영복 함께 읽기』, 123쪽.

25　임규찬, 「사색의 산책이 펼치는 언어의 숲」, 『신영복 함께 읽기』, 88쪽.

26　신영복, 「노래가 없는 세월의 노래들」, 『냇물아 흘러흘러 어디로 가니』, 88쪽.

27　위와 같음.

28　보딜 옌손 지음, 이섬민 역, 「발문」, 『시간에 대한 열 가지 생각』, 여름언덕, 2007.

29　신영복, 『감옥으로부터의 사색』, 150쪽.

30　위의 책, 128쪽.

31　위의 책, 105쪽.

32　위의 책, 215쪽.

33　미셸 푸코 지음, 오생근 옮김, 『감시와 처벌』, 197쪽, 나남출판, 1994.

34　신영복, 『감옥으로부터의 사색』, 329쪽.

35　「사람을 거울로 삼는 구도자 신영복」, 『인물과 사상』 6, 25쪽, 1998.

36　『문화일보』, 1996년 11월 17일치.

37　신영복, 『감옥으로부터의 사색』, 307쪽.

38　서준식, 「옥중서간집을 내면서」, 옥중서간집 1 『모래 바람 맞은 영혼』, 형성사, 1989.

39　『인물과 사상』 6, 237쪽.

40　이승우, 「살벌한 대전교도소, 그 시절이 그리운 이유」, 『신영복 함께 읽기』, 314쪽.

7장 전주교도소 이감, 움트는 생명운동

1 신영복, 『감옥으로부터의 사색』, 344쪽, 돌베개, 1998.

2 위의 책, 318쪽.

3 신영복, 『(여럿이 함께 숲으로 가는 길) 신영복』, 54~55쪽, 서울대학교출판문화원, 2010.

4 신영복, 『감옥으로부터의 사색』, 331쪽.

5 이계홍, 『이계홍의 휴먼스토리』, 61쪽, 모아드림, 2004.

6 신영복, 『감옥으로부터의 사색』, 188쪽.

7 제임스 졸, 이종은 역, 『그람시, 그 비판적연구』, 99~100쪽, 까치, 1984.

8 김정남, 「옥중 편지를 만났을 때의 그 울림으로」, 『신영복 함께 읽기』, 343쪽, 돌베개, 2006.

8장 20년 만의 출감

1 김삼웅, 『진보와 저항의 세계사』, 214~215쪽. 철수와 영희, 2012.

2 위의 책, 220쪽.

3 『평화신문』, 1988년 8월 15일치, 『감옥으로부터의 사색』 초판 서문.

4 신영복, 『감옥으로부터의 사색』, 7쪽, 돌베개, 1998(초판49쇄).

5 김정남, 『진실, 광장에 서다』, 71쪽, 창비, 2015, 재인용.

6 신영복, 『감옥으로부터의 사색』, 295쪽.

9장 새로운 시작을 위하여

1 김형찬, 「끝나지 않은 사색」, 『신영복 함께 읽기』, 22쪽, 돌베개, 2006.

2 위의 책, 15쪽.

3 신영복, 『손잡고 더불어』, 38쪽, 돌베개, 2017.

4 이천환, 「대한성공회」, 『한국민족문화대백과사전』 6, 634쪽, 한국정신문화연구원, 1991.

5 신영복·김창남 지음, 「나의 대학 시절 그리고 성공회대학교」(신영복), 『느티아래 강의실』, 한울, 2009.

6 위와 같음.

7 이재정, 「20년의 세월을 딛고 다시 시작된 강의」, 『신영복 함께 읽기』, 338~339쪽.

8 위의 책, 339~340쪽.

9 신영복·김창남 지음, 앞의 책, 121~122쪽.

10 위의 책, 122쪽.

11 위의 책, 128쪽.

12 정운영, 「대담 신영복 교수」, 『이론』 1992년 겨울호, 141쪽.

13 지강유철 인터뷰, 「실천이 곧 우리의 삶입니다」, 『인물과 사상』, 2007년 11월호.

14 신영복, 『(나의 동양고전 독법) 강의』, 21~22쪽, 돌베개, 2004.

15 위의 책, 24~25쪽.

10장 중국·일본 소설과 루쉰전 번역

1   다이 호우잉 지음, 신영복 옮김, 『사람아 아, 사람아!』, 표지 2쪽, 다섯수레, 1991.

2   위의 책, 7쪽.

3   정운영, 「대담 신영복 교수」, 『이론』 1992년 겨울호, 242~243쪽.

4   다이 호우잉 지음, 신영복 옮김, 앞의 책, 11쪽.

5   리영희, 『역설의 변증』, 62쪽, 두레, 1987.

6   리쩌허우 지음, 임춘성 옮김, 『중국근대사상사론』, 696쪽, 한길사, 2005.

7   정운영, 앞의 책, 242쪽.

8   왕스징 지음, 신영복·유세종 옮김, 『루쉰전』, 9쪽, 다섯수레, 1992.

9   위의 책, 9~10쪽.

10 위의 책, 11쪽.

11 위와 같음.

12 위와 같음.

13 위의 책, 12쪽.

14 위의 책, 12~13쪽.

15 나카지마 아츠시 지음, 명진숙 옮김, 신영복 감역, 『역사속에서 걸어나온 사람들』, 13쪽,
    다섯수레, 1993.

16 위의 책, 17~18쪽.

17 위의 책, 21~22쪽.

18 위의 책, 23쪽.

19 위의 책, 27~28쪽.

20 위의 책, 38쪽.

21 위와 같음.

11장 넓어진 활동영역

1 「서문」, 『엽서』, 돌베개, 1993.

2 위와 같음.

3 신영복, 「서예와 나」, 『냇물아 흘러흘러 어디로 가니』, 118쪽, 돌베개, 2017.

4 위의 책, 119~120쪽.

5 유홍준, 「신영복의 서예 미학」, 『신영복 함께 읽기』, 111~112쪽, 돌베개, 2006.

6 위의 책, 112~113쪽.

7 「창간사」, 『처음처럼』, 1997년 5~6월 창간호.

8 손혜원, 「처음처럼」, 『신영복 함께 읽기』, 421~422쪽.

9 위와 같음.

10 『처음처럼』, 발췌, 랜덤하우스, 2007.

12장 중국역대시가선집 4권 공역

1 기세춘·신영복, 「머리말」, 『중국역대시가선집』 1, 5쪽, 돌베개, 1994.

2 위의 책, 6쪽.

3 위의 책, 7~8쪽.

4 위의 책, 8쪽.

5 위의 책, 57쪽.

6 위의 책, 89쪽.

7 위의 책, 125쪽.

8 위의 책, 203쪽.

9 위의 책, 395쪽.

10 위의 책, 499쪽.

13장 역사 현장에서 띄운 엽서

1 신영복, 「책 머리에」, 『나무야 나무야』, 돌베개, 1996.

2 조병은, 「바다에 이르는 사색 깊은 강물의 여정」, 『신영복 함께 읽기』, 148쪽, 돌베개, 2006.

3 신영복, 앞의 책, 13쪽.

4 위의 책, 15쪽.

5   조병은, 앞의 책, 141쪽.

6   신영복, 앞의 책, 81쪽.

7   조병은, 앞의 책, 141쪽.

8   위의 책, 142쪽.

9   신영복, 앞의 책, 34쪽.

10 위의 책, 51쪽.

11 위의 책, 109~110쪽.

12 위의 책, 153쪽.

13 위의 책, 156쪽.

14 정운영, 「대담 신영복 교수」, 『이론』 1992년 겨울호, 132쪽.

15 신영복, 『처음처럼』.

16 위의 책.

17 신영복·김창남 지음, 「나의 대학 시절 그리고 성공회대학교」(신영복), 『느티아래 강의실』, 124쪽, 한울, 2009.

18 대담자 김정수, 「삶과 종교」, 『사목』 123호, 1989년 3월호.

19 이승혁, 「천년의 약속, '더불어숲'」, 『신영복 함께 읽기』, 426쪽.

20 신영복, 『나무야 나무야』, 88쪽.

21 신영복, 『처음처럼』.

22 위의 책.

23 신영복, 『더불어숲』, 5~6쪽, 랜덤하우스코리아, 2003.

24 홍윤기, 「지상의 인연, 인간의 연대-다시 읽는 '더불어 숲'」, 『신영복 함께 읽기』, 152쪽.

14장 동양고전 강의를 책으로

1   배병삼, 「옷깃 여미며 읽는 동양고전」, 『신영복 함께 읽기』, 179쪽, 돌베개, 2006.

2   신영복, 『(나의 동양고전 독법) 강의』, 45~46쪽, 돌베개, 2004.

3   위의 책, 165쪽.

4   배병삼, 앞의 책, 185쪽.

5   신영복, 앞의 책, 62쪽.

6   위의 책, 68쪽.

7   위의 책, 149~150쪽.

8   위의 책, 169쪽.

9 위의 책, 218~219쪽.

10 위의 책, 264쪽.

11 위의 책, 343쪽.

15장 노년에 남긴 향기와 울림

1 『신영복, 함께 읽기』, 6쪽, 돌베개, 2004.

2 위의 책, 7쪽.

3 신영복, 『변방을 찾아서』, 25~26쪽, 돌베개, 2012.

4 위의 책, 352쪽.

5 위의 책, 56~57쪽.

6 위의 책, 84쪽.

7 위의 책, 126쪽.

8 위의 책, 25쪽.

9 위의 책, 134쪽.

16장 신영복의 마지막 강의

1 신영복, 「책을 내면서」, 『담론』, 5~6쪽, 돌베개, 2015.

2 위의 책, 18~20쪽.

3 위의 책, 33쪽.

4 위의 책, 45쪽.

5 위의 책, 64쪽.

6 위의 책, 85쪽.

7 위의 책, 155쪽.

8 위의 책, 129쪽.

9 위의 책, 342쪽.

10 위의 책, 366쪽.

11 위의 책, 409쪽.

17장 76세로 운명, 성공회대학장으로 장례

1   서해성, 「별의 동쪽, 신영복」, 『한겨레』, 2016년 1월 23일치.
2   위의 글.

닫는 말

1   「이진순의 열림」, 『한겨레』, 2016년 1월 23일치.
2   김창남, 「놀 줄 아는 선비, 나는 그와 노는 것이 즐겁다」, 『신영복 함께 읽기』, 351쪽, 돌베개, 2006.
3   신영복, 「권두인터뷰」, 『말』, 1996년 8월호.

시대의 양심

신영복 평전

1판 1쇄 펴낸날 2018년 1월 15일
1판 2쇄 펴낸날 2018년 3월 15일

지은이 김삼웅

펴낸이 서채윤 펴낸곳 채륜
책만듦이 김미정 책꾸밈이 이현진

등록 2007년 6월 25일(제2009-11호)
주소 서울시 광진구 자양로 214, 2층(구의동)
대표전화 02-465-4650 팩스 02-6080-0707
E-mail book@chaeryun.com Homepage www.chaeryun.com

ⓒ 김삼웅. 2018
ⓒ 채륜. 2018. published in Korea

책값은 뒤표지에 있습니다.
ISBN 979-11-86096-67-3 03910

이 도서의 국립중앙도서관 출판예정도서목록(CIP)은 서지정보유통지원시스템 홈페이지(http://seoji.nl.go.
kr)와 국가자료공동목록시스템(http://www.nl.go.kr/kolisnet)에서 이용하실 수 있습니다. (CIP제어번호 :
CIP2017035527)

채륜서(인문), 앤길(사회), 띠움(예술)은 채륜(학술)에 뿌리를 두고 자란 가지입니다.
물과 햇빛이 되어주시면 편하게 쉴 수 있는 그늘을 만들어 드리겠습니다.